THE WEST INDIAN PRESENCE
AND HERITAGE IN CUBA

THE WEST INDIAN PRESENCE AND HERITAGE IN CUBA

EDITED BY

Paulette A. Ramsay

The University of the West Indies Press

Jamaica • Barbados • Trinidad and Tobago

The University of the West Indies Press
7A Gibraltar Hall Road, Mona
Kingston 7, Jamaica
www.uwipress.com

A catalogue record of this book is available from the
National Library of Jamaica.

ISBN: 978-976-640-816-9 (print)
978-976-640-817-6 (Kindle)
978-976-640-818-3 (ePub)

Cover photograph: Sugar factory built by Jamaicans in Preston, Cuba.
Book and cover design by Robert Harris
Set in Scala 10.5/14.5

Printed in the United States of America

Assistant Editors
Robinson Alvarado   Tamara de Inés Antón
Eric Mendosa Barroso

Editorial Assistants
Nadine Barnett   Maite Villoria
Bradna McLaren   Jonathan Carmona
Clyde Lawrence

Administrative Editors
Dejon Lingo   Clyde Lawrence

TO
JOE PEREIRA AND ROY AUGIER,
FOR THEIR DEEP INTEREST IN THE SUBJECT
WITH WHICH THIS BOOK TREATS

Contents

Foreword

RUPERT LEWIS

MARGINALIZED DIASPORAS

The relationship between the peoples of the Northern Caribbean islands has been going on from pre-Columbian times, that is, from before Spanish conquest of these islands. This movement of peoples was followed by European genocide of the indigenous peoples, enslavement of Africans and the imposition of colonial rule.

Later, Caribbean networks of revolutionaries existed during the Spanish-colonial period in the nineteenth and early twentieth centuries. So that the war of liberation involving José Martí and Antonio Maceo has resonances here, as Jamaica provided refuge for Maceo's mother, José Martí and many others.

We are therefore beneficiaries of the liberation struggles against slavery, colonialism and imperial domination. For instance, W. Adolphe Roberts (1886–1962), the Jamaican novelist and historian, visited Cuba nineteen times in the early twentieth century. He was enamoured of José Martí and wanted to see a similar sense of sovereignty developed in Jamaica. The Jamaican writer, Herbert George DeLisser, less nationalistic than Roberts, wrote a book in 1910 entitled *Jamaica and Cuba* which highlighted the close linkages in trade and social relations between the islands.

Attention has been paid recently to the Windrush generation in Britain and the crises faced by West Indians resulting from inhumane treatment by the British government.

But it is equally important to pay attention to our communities and diasporas in Cuba, for they are part of our Jamaican and Caribbean family. In Guantánamo and elsewhere in Cuba there are multiple family and cultural histories which delineate forgotten histories which need to be recovered. These West Indian diasporas in Cuba and Latin and Central America have become marginalized as the current focus is on those in Britain and North America.

These diasporas began in the early twentieth century when African descendants in the Caribbean were drawn into the labour pool of American investments in Cuba and involved in the building of railways and modern sugar plantations. The sugar mills had the most advanced technology of the time. Thousands of West Indian workers were also drawn into working for the United Fruit Company, which dominated banana production in Central America and the Caribbean. Others were also recruited into the labour pool of the largest infrastructural development of the early twentieth century – the Panama Canal.

Annette Insanally's edited text, *Regional Footprints: The Travels and Travails of Early Caribbean Migrants* (2006), attempts to break this marginalization. One of the tasks of a conference such as this is getting to know each other, nurturing the neglected area of Caribbean relations, developing exchanges and encouraging scholarship and other initiatives.

WHAT DOES "WEST INDIAN" MEAN?

Some years ago, I visited a West Indian community in Havana and an elderly lady who hailed from St Thomas asked me if they "still brukkin rock stone a roadside". She was referencing the times when this practice was part of road construction. Our conversation stirred memories of old-time Jamaica. Reading the recent book by Sharon Milagro Marshall, *Tell My Mother I Gone to Cuba: Stories of Early Twentieth Century Migration from Barbados* (2016), I was struck by how a "West Indian" identity was preserved. To be West Indian meant that you spoke West Indian English, developed schools to ensure your children were educated in English, attended a Protestant church, played cricket, identified as British and felt superior to Latins. There was also a sense that "revolutions" and political instability were inherent in the Latin way of governance, whereas the British Empire had generated some modicum of legislative and executive order that characterized the English-speaking Caribbean. Finally, there was respect and affection for the British king or queen. I anxiously await those who have lived the West

Indian experience in Guantánamo to share their experience of what being a West Indian has meant for their identity in a Latin context.

But we need to recognize a greater fluidity in the interchange of cultural and political influences. Clinton Hutton depicts his father, Alphonso Hutton, as returning from Camaguey to Hanover, Jamaica, with a militant nationalism drawing on the military leadership of Antonio Maceo, the black general. Hutton notes that his father stood up to racism in Cuba, drawing on his strong sense of pre-colonial African history. Political values were therefore influenced by Cuba's legacy of racism as well as its anti-colonial history.

In addition, Cuba has been influential in the area of music. Clinton Hutton has pointed out the impact of Latin music on the English-speaking Caribbean. A number of outstanding Jamaican musicians, born in Cuba, were influenced by Cuban music. Among them were the singer Laurel Aitken, and Tommy McCook and Roland Alphanso of the Skatalites fame. But Jamaica has also influenced Cuba through reggae music and the iconography of Bob Marley and Rastafari. Accompanying reggae is a Jamaican version of blackness and the Jamaican language. These factors have had an impact on Cuban culture.

THE COLD WAR

My knowledge of Cuba started in high school under my Spanish teacher, who was studying Cuban literature. His name was Winston Davis. This was in the 1960s and Davis had had his passport seized after a visit to Cuba. These were the days of the Cold War when the Jamaican government had the police target individuals who visited Cuba. A number of Jamaican academics and activists had their passports seized. Among them were the economists George Beckford and Leroy Taylor. Walter Rodney also visited as a student and this is partly why his case file received so much attention in 1968. Hopefully, we now live in different times when both parties in the Jamaican parliament have come out against the 19 October 1960 US embargo on Cuba that has now lasted almost six decades.

The year 1972 was a turning-point for Cuban-Caribbean relations as Jamaica, Guyana, Barbados, and Trinidad and Tobago opened diplomatic relations with Fidel Castro's government. However, the price exacted for Jamaica's recognition of Angolan independence in 1975 and Manley's support for Cuba's military involvement in the Angolan war was the destabilization of the Jamaican economy. Many Cubans of West Indian descent fought in those battles. These persons should also be the subject of memoirs and studies. On my first visit to Cuba in 1978, I interviewed an old West Indian in Havana who told me that if he had been young, he would have gone to fight in Angola. Those battles resulted in the defeat of the South African forces.

THE FUTURE

We hope that CARICOM will not shift its position on opposing the US boycott of Cuba because of pressure from the current US administration. As evidence of the good Cuba-Caribbean relations, my colleague Professor Jessica Byron recently documented and analysed intra-Caribbean cooperation, including Cuba's considerable role. And in a recent speech, Ambassador Ines Fernandez documented Cuba's support in the areas of health and trade. Indeed, in the Northern Caribbean we are poised between two great markets – North America and South America. There are immense opportunities for trade.

I wish you success with your deliberations.

Acknowledgements

This book is the result of a symposium organized by the Department of Modern Languages and Literatures at the University of the West Indies, Mona, Jamaica, 27–28 June 2018.

The collaboration of several members of the department in organizing the various events allowed for a meaningful and successful symposium.

Thanks to the following people:

Françoise Cévaër	Adrian Lindsay
Maite Villoria	Runxia Wu
Rona Barnett Passard	Anthonesha Henry
Marta Nunes	Bradna McLaren
Ossain Martínez	Dejon Lingo
Marie José N'zengou Tayo	Sharon Clue
Robinson Alvarado	Chantal Sinclair
Jennifer Mason	Clinton McCook
Lorenzo Lynch	Karen Clarke

STUDENTS

Shavelle Smith	Darrelston Ferguson
Kerry-Anne Shadeed	Darien Reid
Wendy Williams	Jamaal Knight
Kaezia Mills	Franz Arnold
Aldean Ellis	

Thanks to the Office of the Vice-Chancellor, the University of the West Indies; the Office of Global Affairs; the Office of the Dean, Faculty of Humanities and Education; MFR Law Firm; EduCom Credit Union and Guardian Life Insurance Company.

Thanks also to former members of the Department of Modern Languages and Literatures who contributed to the success of the symposium in different ways: Joseph Pereira, Anne-María Bankay and Annette Insanally.

Some members of the Cuban delegation who participated in the symposium in 2018

Roy Augier in attendance at the symposium

Chair of the symposium Paulette A. Ramsay

Interpreters Robinson Alvarado and Adys at work

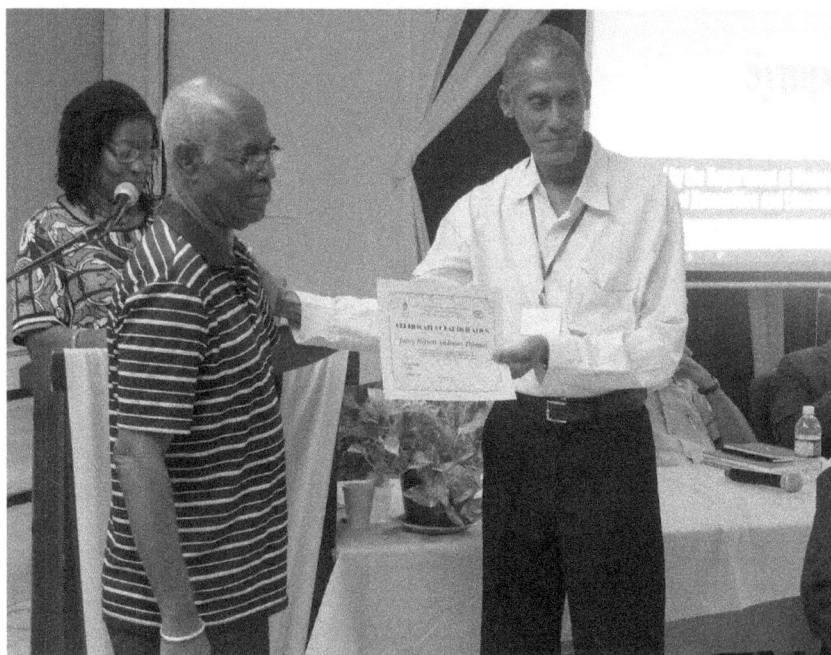

Jorge Nelson receives his certificate of participation

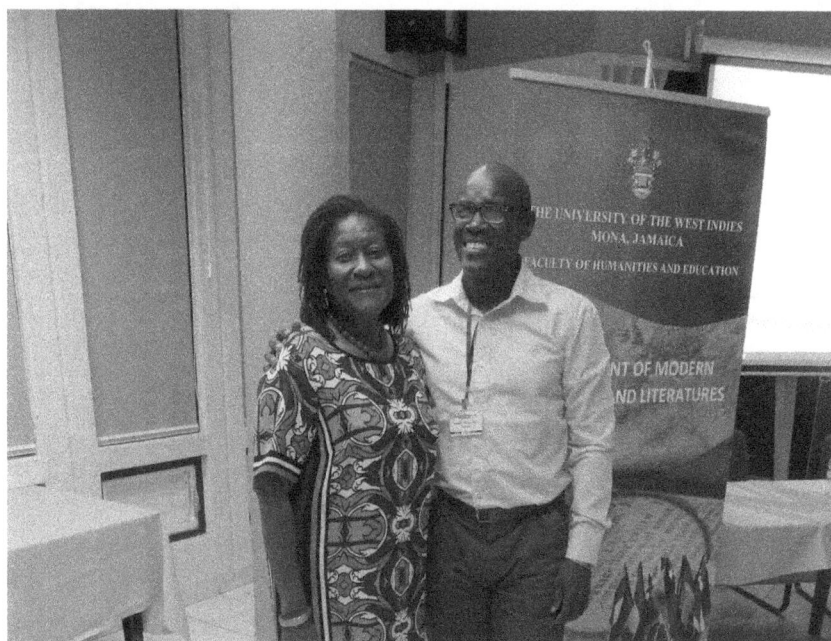

Alberto Biggerstaff and Paulette A. Ramsay

Joseph Pereira moderates a panel with Margaret Reckord Bernal and Anna María Hendriks

Sections of the symposium audience

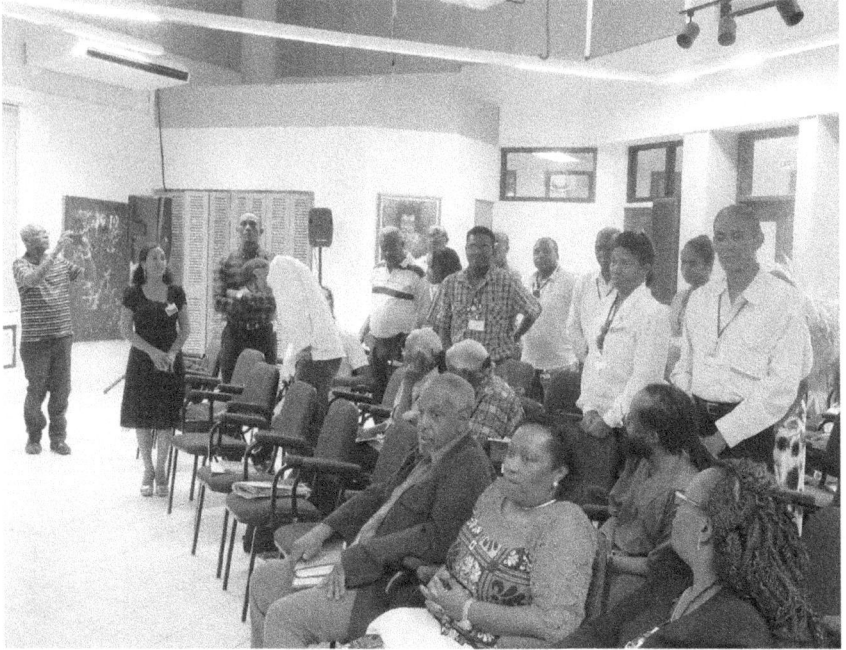

Sections of the symposium audience

Sections of the symposium audience

Part of the exhibition in the Main Library

Julian Cresser chairs a session

Vilma Cuza receives her certificate of participation from keynote speaker Rupert Lewis

Elena Garzón receives her certificate of participation from keynote speaker Rupert Lewis

Dr Marie-José Nzengou-Tayo chairing a session with Jorge Derrick

Introduction

PAULETTE A. RAMSAY

More than 150,000 persons from the British West Indian islands migrated to Cuba between 1898 and 1938. Cuba was particularly attractive at the time because wages were higher as a result of US investments in the sugar industry. Most of the immigrants were men, but some women and children also relocated to Cuba. Many found jobs in the sugar plantations, while others worked in the construction of the railway lines and in fruit cultivation.

The majority were Jamaicans, who worked mainly in the American Sugar Company and, later, in the United Fruit Company. Jamaicans were strongly represented because many came to Cuba via Panama, where they had worked in building the railway line and developed useful construction skills. While many of the other immigrants were recruited primarily to work in the then booming sugar industry as cane cutters, Jamaicans were able to work in multiple areas, including welding and masonry. West Indians became the builders of the railway line and many of the sugarcane factories all over the island. Many West Indians also found employment in the early twentieth century on the US naval base in Guantánamo.

DISCRIMINATION AND RACISM

At the beginning of the twentieth century, Cubans firmly embraced Eurocentric attitudes to race, and promoted the "ideology of whitening", like most of Latin America at that time. Cubans regarded the mass migration of black West Indians to the island as undesirable. It was felt by some Cuban officials that the West Indians would bring diseases and that Jamaicans were particularly difficult and would create problems in the workplace. The West Indians were met with hostility, racism and discrimination in many forms.

In an effort to band together and resist discrimination, West Indians established various organizations, including Methodist, Baptist and Anglican churches and several Masonic lodges. They were also vigilant in complaining to the British Consular Service, as the officers were said to be protective of them. West Indian immigrants in Guantánamo also became members of one of twenty-six branches of the Universal Negro Improvement Association (UNIA) that was established in Cuba in the 1920s. The UNIA and the teachings of Marcus Garvey helped them to maintain racial and cultural pride and identity, which served to unite them as a group.

THE BRITISH WEST INDIAN WELFARE CENTRE

The British West Indian Welfare Centre was built in 1945 to help West Indians cope with racism and adapt to their new lives as immigrants by forming a community of people who practised Afro-Caribbean culture. It served as a welcoming point where new arrivals could go to get useful information about life in Cuba. It often became their first home away from home as they settled into their jobs and the Cuban lifestyle. It was also the place where many weddings and fetes were celebrated, especially in the early years.

Today, descendants of West Indian immigrants cherish the fellowship they share through the centre, where they meet once per month. Each member pays a membership fee of two Cuban pesos, which helps to cover the various operational costs. They share childhood memories of growing up speaking English, observing strict West Indian principles, cooking ackee and saltfish, drinking sorrel, playing cricket and listening to stories about Jamaica, Barbados and the other islands from which their parents and grandparents had travelled. They celebrate all the national and traditional holidays of the islands to which members have a connection. Each member is required to contribute a typical Caribbean meal to each meeting. Jamaican dishes are the most popular because the Jamaican culture and culinary style have emerged as dominant.

The activities of the centre are currently organized by a group of West Indian descendants who are proud of their Jamaican and West Indian heritage. The members include professionals – teachers, doctors, university lecturers, agronomists, researchers and musicians – who do not want to lose what they learned from their forebears. They currently function as a non-governmental organization and are monitored by the Ministry of Justice. The group believes that it is a tremendous miracle that they continue to operate after seventy years. Some members recall the challenges that faced the centre during the early years of the Cuban Revolution, when everything was more rigorously controlled by the state. Moreover, the centre was allegedly closely monitored in the 1960s and 1970s, especially because several West Indians had, by then, found better paying jobs on the US naval base in Guantánamo.

The centre serves as a testimony to the endurance and determination of West Indians, who triumphed over many trials while they lived and worked in Cuba. One community member described it as: "A light at the end of the road for us. It is our place to come home to."

Indeed, the West Indian community in Cuba reflects the story of many who went to other places outside of their island home and lived with the dream of returning home, but did not realize this dream. Their descendants tell the stories of their sojourn in Cuba.

JAMAICAN DESCENDANTS IN COSTA RICA, CUBA

Following the triumph of the Cuban Revolution in 1959, the Revolutionary Party and government decided to replace the names of some towns with the names of various Latin American and Caribbean countries in recognition of the countries of the region. This is why some places in Cuba bear names such as Costa Rica, Trinidad, El Salvador, Jamaica, Honduras, Perú and Paraguay, among others. The name Costa Rica, for example, was given to a town that was previously known as Ermita. It had been named Ermita in the early twentieth century after the wife of the manager of the sugar mill, where many Jamaicans worked after being recruited to work in Cuba. In 1902, the United Fruit Company was given special permission to recruit more than one thousand Haitians to work in the sugar mills, or *centrales*, in Oriente as the demand for sugar grew. At the end of World War I, the demand for sugar became even greater due to the destruction of many European beet fields. Although at the time there were still laws that restricted the recruitment of black workers into Cuba, the prior permission granted to the United Fruit Company made it easier for sugar companies to obtain licences to recruit West Indian workers to labour in the *centrales*.

Mr Morris, who had been born in Cuba, recalls his own father's stories about being taken to England to fight for that country in the First World War at the young age of eighteen. He knew nothing about guns or the battlefield and despised everyone who involved him in this war where he was forced to watch his older brother die by enemy fire. As soon as he returned to Jamaica, still frightened, dissatisfied and disillusioned but happy to have survived the ordeal, he seized the opportunity to set sail for Cuba to work in the *central* in Ermita (now Costa Rica). He migrated to Cuba from Balaclava and later sent for his wife, who was originally from Cross Roads in Kingston.

Jamaicans in Cuba were proud of their Jamaican heritage and culture and relied heavily on the officers of the British Colonial Office to defend their rights and ensure their safety and well-being. Mr Morris, now eighty-four years old and blind, has vivid memories of life in Ermita with the old Jamaican folks. He proudly showed his parents' old passports, stamped by the British Colonial Office and still carrying their faded black and white photographs from the early 1900s.

Mr Morris recalls the good relations Jamaicans enjoyed with the Americans because their English facilitated communication between them more easily than with Spanish workers. His father was in charge of the sugar boiler and he recollects that other men worked as builders of houses on the estate, some tended the horses and some did iron work on the railway lines. He also recalls the attitude of the Jamaicans, who cautioned their children about mixing with Cubans. Children of Jamaican parents were not allowed to speak Spanish at home, so they ended up becoming bilingual, speaking Spanish with their friends on the playing fields and English with their families at home.

Jamaicans tended to marry among themselves and those who were married before leaving Jamaica later sent for their wives to join them. Men who married their Jamaican girlfriends or brought their wives to Cuba were considered to have preserved Jamaican values better than those who did not. They did not want their children adopting Spanish or Cuban behaviours and insisted on teaching Jamaican values and "good manners", such as saying grace before meals and going to church – either the Methodist or Anglican churches established by Jamaicans. In order to preserve their Jamaican culture, they cooked Jamaican foods such as rice and peas and ackee and saltfish, learned all the folk songs and established their own schools where they taught their children to read English by reading the English Bible, singing Anglican hymns, studying English Grammar from books that were also brought from Jamaica and telling them Anancy stories and other folktales. Their children attended Cuban schools during the day and Jamaican (English) schools in the evenings. The Biggerstaffs explained that their house was the main English school which had, at times, more than forty students sitting on the verandah and learning to read and write in English.

Today, many Jamaican descendants in Costa Rica dream of one day travelling to Jamaica to see the birthplace of their ancestors. Among their valued possessions are the passports, ship tickets, birth certificates and faded black and white photographs of their Jamaican forebears. Examining the passports shows that their ancestors travelled to Cuba on British Colonial passports from as early as 1906, 1915, 1916 and 1918. In the case of Mr Leonard Biggerstaff of Long Bay, Portland, his battered passport reveals that he was born in 1901 and registered as a British-born subject and obtained his passport in 1919 to facilitate his travel to Cuba as a labourer.

This means that Mr Biggerstaff was selected to work in Cuba under the Emigrants Protection Law of 1902 and 1905, when he was eighteen years old.

Other documents reveal a similar trend of young men who left Jamaica to seek employment in Cuba before they were twenty years old. All Jamaicans travelling to Cuba were forcefully advised to register at a British consulate upon arrival. Some persons have also traced their family line to Savanna-la-Mar, Balaclava, Clarendon and Portland. Of course, the memories that many of them carry in their minds are painted by their forebears in fond stories of a Jamaica that no longer exists. But they themselves serve as testimony of the tremendous journey that many Jamaicans travelled in order to make a contribution to Cuba's economy, when sugar was king.

JAMAICANS IN GUANTÁNAMO, PRESTON AND BANES

Mr Hardy Henry

Eighty-eight-year-old Mr Hardy Henry is a second-generation Jamaican whose mother went from New York to Banes in Holguín and then to Guantánamo. He was one of the last Jamaicans to work on the US naval base but explains that he did not live on the base. He recounts that he was selected to go to the base gate to collect all the pensions and distribute them. He has travelled to Jamaica twice and has been thinking lately about his Jamaican parents and the rich culture they shared with him. He hopes that all descendants of Jamaicans in Cuba preserve this culture and learn English. "We should never forget Jamaica, we should never forget our English," he muses.

Pastor Williams in Preston

In Preston, Holguín, renamed Guatemala after the 1959 revolution, eighty-eight-year-old Methodist pastor Abraham Williams recalls that in 1946 his family returned to Jamaica because of a disagreement between his father and his American employer. Shortly after, his mother died and his grandmother returned to Jamaica to assist his father with his young children. She later returned to Cuba to work with an American family, saved money and sent for him and his sister to rejoin her in Cuba. They did not maintain contact with his father in Jamaica and he and his sister were raised by their grandmother in Cuba.

He remembers that Jamaicans worked as carpenters, cooks, gardeners, masons and engineers. Many of them lived in barracks on the sugar plantations and *centrales* and they were preferred by the Americans because of their English.

Pastor Williams's recollection is that many Jamaicans encountered hardships as wages were low and working conditions were poor. They encountered racism and were often criticized for bringing obeah into the country even though only a few were involved in this practice. In the 1960s, many retired without a pension and life became even harder for them. Some benefits were provided to them after the 1959 revolution, but many found it difficult to adjust to the new systems and returned to Jamaica. Many had not maintained contact with relatives in Jamaica and ended up in very impecunious conditions. Others left for the United States and some just lived lonely lives in Cuba.

During the 1950s and until 1965, Mr Williams served as a consular sub-agent to the British Consulate in Santiago de Cuba. He reported deaths, births and incidents involving Jamaicans, processed documents for those who decided to repatriate and maintained a census of Jamaicans in Preston.

Mr Williams attended Methodist conferences in Kingston, Guyana, and Trinidad and Tobago in the 1970s. Today, he speaks Spanish with his neighbours, English with his family and fellow Jamaicans and sings and prays in English.

Lloyd Wilmott in Banes

Eighty-five-year-old Lloyd Wilmott Murray, whose parents were originally from Montego Bay, is a first-generation Jamaican in Banes. His father was among the first Jamaicans recruited to work in Banes at the start of the sugar boom in the early 1900s, when the United Fruit Company was switching from banana to sugar. They were employed to plant and cut sugarcane and work as welders, mechanics, masons, cooks, carpenters and stable hands. There were fifty-two houses built for Jamaicans on the *central* and people were assigned houses based on their rank and job, with the most elaborate houses reserved for Americans.

In the 1940s, Mr Wilmott served as a waiter in the Jamaican Club House. He recalls the racial/social system in Banes, evident in the different clubs for each social group. There were several lodges and churches, such as the Methodist, Baptist and Seventh Day Adventist churches, which helped people to settle in on their arrival in Cuba.

Mr Wilmott explains that Marcus Garvey visited Banes in 1927 and urged Jamaicans to embrace his pan-Africanist ideology. He was not a member, but he knew the Liberty Hall and understood its role in uniting West Indians in Banes at a time when they faced serious racial discrimination.

CHAPTERS IN THIS BOOK

The chapters in this collection are a mix of academic and non-academic texts. They provide important insight into a community of West Indians who have survived for four generations through different periods of Cuban history. The research and the individual stories highlight the unmistakable importance of British West Indian culture in Cuba. In "El Cricket como elemento cultural e identitario de la cultura anglo-caribeña en Cuba" ("Cricket as a Cultural Element and Marker of British West Indian Culture in Cuba"), Eliezer Brooks Videaux writes of the collaborative efforts among descendants of British West Indians to give visibility to cricket in Cuba and attract Cubans to the game as part of a larger project to rescue the West Indian cultural heritage from oblivion in Guantánamo towards the end of the twentieth century.

Gilberto Ramírez Smith, Eliezer Brooks Videaux and Yanileisi Calistre Cuza present an arresting account of the "Primer partido oficial de cricket en Cuba después del triunfo de la Revolución" ("The First Official Cricket Match in Cuba after the Triumph of the Revolution"). They provide an important history of the arrival of cricket in Guantánamo and the West Indians who were involved in making this match a possibility.

The racial problems experienced by Jamaican migrants to Cuba during a period of strong US presence are analysed by Lisandro René Duvergel Smith in the chapter "Inmigración jamaicana en Guantánamo: entre la discriminación racial y las leyes de migración" ("Jamaican Immigration in Guantánamo: Between Racial Discrimination and Immigration Laws"). Duvergel Smith, a lawyer, studies the laws that were established to exclude West Indian migrants even as they were being invited to the country to provide a necessary service.

Edgar Ritchie Navarro brings the facts of Jamaican migration to the northeastern section of Cuba in his chapter "La inmigración jamaicana en el noreste más oriental cubano: su legado actual" ("Jamaican Migration to the Northeastern Section of Cuba"). Not very much has been said about Holguín, where the majority of Jamaicans are said to have migrated at the beginning of the twentieth century. It was the sugar industry that called them to Preston, Banes, Báguanos, Tacapo, Moa and Baracoa, among others. Ritchie Navarro writes with pride of the great legacy of Jamaicans and the general West Indian heritage in this part of Cuba.

The collaborative chapter "El pueblo de Costa Rica: inmigración, identidad y memoria histórica" ("The Town of Costa Rica: Immigration, Identity and Historic Memory") by Vivian Lachey Boloy, Alberto Biggerstaff Francis, Luis Bennett Robinson and Miralvis Hernández Noguera, presents the town of Costa Rica in Guantánamo. Through the testimonies of different descendants, they present the historical memory of the town.

In "El triunfo revolucionario de 1959 en Cuba: transformación del panorama de los emigrantes jamaicanos y sus familiares en la Isla" ("The Triumph of the 1959 Revolution in Cuba: It Transformed the Perspective of the Jamaican Immigrants and Their Relatives in the Island"), Caridad Mariela Smith highlights the contribution of some Jamaican descendants to the development and success of the Cuban Revolution, despite the fact that it was not the custom for foreigners to participate in the political affairs of the country, especially when they did not have adequate command of the Spanish language. From historical accounts of Jamaican descendants who participated in physical confrontations with counter-revolutionaries to other anti-Batista movements, Caridad provides testimony to the important role of several West Indian descendants, mainly Jamaicans who aided in the triumph of the 1959 Revolution and its activities in the years after. As a result of their participation in the revolution, Jamaicans and other West Indians, showed their allegiance to Cuba and were able to also participate in other areas of Cuban life such as sports. An interesting review of one of the most transformative aspects of Caribbean history is presented in Ossain César Martinez's chapter, "La ruta de Marcus Garvey en Cuba" ("Marcus Garvey's Journey in Cuba"), which delves into the socio-economic and political circumstances existing in the Cuba of the 1920s when Marcus Mosiah Garvey, the great leader of the African diaspora in the Americas, arrived in Cuba to enlist and organize militants for his UNIA organization. The work highlights how both Garvey and West Indians, mainly Jamaicans in Cuba learned from each other and how Garvey remains to this day a point of reference in anti-racist ideas and anti-social exclusion within the black, mulatto and mestizo communities within Cuba.

Onil Bientz Conte debates an interesting thesis on the centrality of migration to the development of Cuban identity. His profound chapter, "Aportes e influencias de la inmigración anglocaribeña a la cultura cubana en Guantánamo" ("Contributions and Influences of Anglo-Caribbean Migration to Cuban Culture in Guantánamo"), makes a convincing case of the centrality of the cultural contributions of West Indian immigrants to Cuban national identity. In "Huellas de la migración anglófona en el central 'Los Reynaldos'" ("Traces of Anglophone Migration on 'Los Reynaldos' Sugar Mill"), Silvia Miriam Morgan Scott, Wilfredo Carbonell Limonta and Willy Carbonell Morgan choose "Los Reynaldos" sugar mills to show the extensive connections and contributions of several generations of West Indians to the development of this mill and the wider society.

Jorge Augusto Derrick Henry, in "The *Voice of Guaso*: Voice of the West Indians in Guantánamo", presents fascinating information on a newspaper published in English in Guantánamo by West Indian immigrants in the twentieth century. The first issue of the *Voice of Guaso* was published on 25 December 1953. The objective of the founders was to provide information about the West Indian community from a first-hand experience. It was a good record of events and experiences in the daily lives of West Indians at a time when there was no real information available about them.

In "Género, migración e integración al espacio urbano en Guantánamo: las inmigrantes jamaicanas de 1910 a 1958" ("Gender, Migration and Integration into the Urban Space: Jamaican Immigrant Women in Guantánamo from 1910 to 1958"), Mariurka Maturell Ruiz concentrates on the strategies employed by Jamaican immigrants in their process of integration into the urban space in a society where women associated themselves with certain accepted dichotomies – home–work; city–suburb; public–private. These binaries saw them operating within spaces assigned by the social, cultural and religious institutions at the time, as domestic workers, agricultural workers, educators in English for their children. Maturell Ruiz shows that despite the seeming invisibility of the women, their position was important, both to the immigrant community and the wider society.

Darrelstan Ferguson's chapter, "Silence, Struggle and Triumph: Eva Lewis's Migration Story", analyses a video documentary of Eva Lewis, who migrated to Cuba over six decades ago, leaving her young son to whom she never returned. Eva speaks of her personal and cultural struggles navigating a new life in Cuba as a young woman and mother of eight children. Now a almost a centenarian afflicted with Alzheimer's, she will not say why she was sent to Cuba without the company her Jamaican son. She maintains that she earnestly wanted to return to be with him, but that she was defeated as she had formed a new family in Cuba that she was unwilling to leave behind. Moreover, she was too poor to afford the journey back home. While she is optimistic that she might reunite with her estranged son one day, she finds peace in the fact that Cuba has become her new home in which she guards fragments of memory about Jamaica and the Jamaican culture.

In "Tras las huellas de un descendiente" ("Tracing the Footprints of a Descendant"), Jorge Nelson Andrews Thomas provides a lively discussion of the odyssey of his ancestors in search of better living conditions in Cuba. Their journey took them to work on the US naval base in Guantánamo because of their command of the English language. It is a story of long life, adventure, loss, struggles, defiance and survival.

Margaret Reckord Bernal and Anna María Hendriks present a biographical study of the Cecil Charles Hendriks's time in Cuba as an accountant in the early 1900s in "Re-experiencing Life through the Prism of Memory: The Jamaican-Cuban Experience". Together they piece information gathered from Hendriks's letters, notebooks and diaries to present another dimension to the contributions of Jamaicans in Cuba. The work creatively incorporates the poetry of Bernal which highlights the role of memory and colonial artifacts in shaping an understanding of who we are.

Elena Margarita Garzón Gumbs shares in "Family and Childhood Memories" her recollections of growing up as an English-speaking British West Indian descendant in Cuba. She highlights the importance of education, respect for the elderly and cultural norms among other qualities that were highly valued by the community. Another testimonial about family reflections and origins is "Apuntes de la vida de emigrantes que hicieron familia en Guantánamo" ("Life Stories of Migrants Who Started Families in Guantánamo"), presented by Adisdania Walwyn Pons. She recounts the personal testimonies of the first-generation members of her family to migrate to Cuba from Jamaica, Antigua and Barbuda and St Kitts. The challenges faced on a daily basis by these immigrants, particularly during the period known as the movement of people of colour, are enthusiastically recorded.

"Digging up the Trunk of My West Indian Family-in-Law" is offered by Vilma Cuza Arcia, a black Cuban who is not of West Indian descent but a descendant of African slaves who were brought to Cuba. It is a testimonial written to highlight the importance of the trunks that were used to transport and even store the belongings of the West Indians as they travelled to and settled in Cuba. Cuza Arcia gives attention to the meanings of the trunks to migrants who considered them to be the safest place to store their most valuable properties and secrets. The essay also interprets some of the documents found in her in-laws' trunk and discusses their importance in helping her to understand her husband's West Indian culture.

PART 1

WEST INDIAN CULTURAL RETENTIONS IN CUBA
CRICKET

1.

El cricket como elemento cultural e identitario de la cultura anglo-caribeña en Cuba

ELIEZER BROOKS VIDEAUX

La bella isla de Cuba, conocida como la mayor de las Antillas y famosa por su auténtico Ron, rítmico Son y excelentes jugadores de béisbol, es hoy nuevamente objeto de asombro en el ámbito deportivo. El cricket, que hasta ahora había sido jugado mayoritariamente en las colonias inglesas, crece como ave fénix entre los pobladores de Cuba, especialmente entre niños y jóvenes.

Cuentan que la llegada del cricket a Cuba estuvo matizada por las olas migratorias caribeñas a finales del siglo XIX; cuando los jóvenes anglo-caribeños desafiaban los mares en aras de encontrar un mejor futuro, ante la precaria situación que vivían en sus países de procedencia. De hecho, la investigación ha revelado que ya en el siglo XVII, durante la toma de la Habana por los ingleses, éstos jugaban cricket en su tiempo libre. Además, otros escritos de la época refieren que los soldados solían practicar deportes en sus ratos de ocio.

Por lo tanto, se estima que los anglo-caribeños fueron los principales promotores de la práctica del cricket en la isla, que se extendió siguiendo sus asentamientos en diferentes lugares del país como La Habana, Baraguá, Banes en Holguín, Santiago de Cuba y Guantánamo. La práctica del cricket tuvo su esplendor a partir de 1917, cuando se comienza a jugar entre los asentamientos de anglo-caribeños. Cabe destacar que durante esta década, la cantidad de equipos llegaba a casi 20, debido al incremento de la llegada de inmigrantes anglo-caribeños a Cuba. En 1926, algunos datos daban cifras de hasta 36,000 anglo-caribeños, lo que, por supuesto, masificó la práctica.

Se ha estudiado que los inmigrantes anglo-caribeños y sus descendientes eran los máximos practicantes del cricket, ya que a muy pocos cubanos les atraía este deporte. Entre los cubanos el béisbol tenía mucha más fuerza por ser el deporte nacional en Cuba.

En los años 40, el cricket tuvo su máxima organización, a cargo de Leonard Ford, inmigrante procedente de Barbados. Ford junto con Edmund Skelton y Celestine, inmigrantes jamaicanos, se encargaban a través del British West Indian Welfare Centre de agrupar a todos los inmigrantes anglo-caribeños y a sus familias, con la intención de mantener sus tradiciones.

Además, se organizó el cricket en el Oriente del país formando varios equipos en Guantánamo, Santiago de Cuba, Banes, Manatí, Las Tunas, Camagüey, Baraguá y Ciego de Ávila para así sostener encuentros entre ellos. Todo esto condicionó el desarrollo de eventos anuales, en los que pudieron conformar equipos que representaran al país. Ford tuvo la gran visión de incorporar a la mayoría de anglo-caribeños y a sus familias con la intención de fortalecer la tradición que hasta ese momento había tenido resultados positivos.

En los años 50, se organizaron diferentes eventos de confrontación con otros asentamientos en el país. Guantánamo poseía dos excelentes equipos, capitaneados por Bill Angill y Skelton, quienes jugaban de "tú a tú" con cualquier equipo. Esto permitió que se lograra la conformación de equipos representativos del país, los que visitarían y establecerían intercambios en Jamaica. En este primer intercambio no se obtuvo un buen resultado, ya que el nivel no era equiparable al de los jugadores de Jamaica. Aunque se jugaron cinco partidos, no hubo oportunidad de ganar ninguno, pero sí se compitió con mucha hidalguía, sembrando un precedente para el futuro.

Tras el triunfo de la Revolución cubana en 1959, se hizo más decadente la práctica, ya que no existía el mismo nivel de organización e interés por dicha actividad. La mayoría de los jugadores tenían más de 30 años y el relevo generacional no había sido garantizado. Solo unos pocos dominaban el "ABC" del cricket y los que no, solo tenían una pobre referencia visual. Este fue un momento crítico para el cricket en Cuba, al desaparecer el modo de organización a través de clubes deportivos y al no ser de interés para el nuevo gobierno, lo que conllevó a un gran declive de este deporte, especialmente en Guantánamo.

Los años 70 fueron de mucha influencia para la comunidad de inmigrantes y sus descendientes, ya que muchos jóvenes procedentes de las islas anglófonas del Caribe y otros países recibieron becas universitarias para estudiar en Cuba con el propósito de retomar la práctica del cricket. Esto marcó un momento importante para el cricket, puesto que renovó el interés en los jóvenes cubanos.

Hay que señalar que también se retomó la celebración de dos eventos de cricket anuales: uno el primero de agosto en Baraguá, Ciego de Ávila, para conmemorar el día de la Emancipación; y el otro a principios de diciembre, para conmemorar el día del CARICOM.

Durante este proceso, estuvo muy comprometida Leona Ford Miller, hija de Leonard Ford, quien en los años 40 había sido piedra angular para la práctica del cricket en Cuba. Retomando los esfuerzos de su padre, hizo una extensa ronda de visitas, coordinando las provincias del país que tenían una gran cantidad de descendientes anglo-caribeños para así rescatar al cricket. Aunque aunar voluntades a favor del cricket en todos los asentamientos no fue tarea fácil, sí existía una certeza unánime de que se necesitaba organizar a los descendientes para rescatar dicha tradición deportiva, pues de este modo también se rescataba su identidad migrante.

Ella encontró en Guantánamo, especialmente en el British West Indian Welfare Centre, un apoyo incondicional para su organización, pues a través de esta institución se coordinó un encuentro con Lloyd Best, ferviente conocedor del cricket, de lo que devino un seminario nacional y la entrega del equipamiento suficiente para la actualización de este deporte. También se invitaron a más de 70 personas interesadas en conocer más sobre el cricket y en participar en este deporte. Dicho seminario fue impartido por su hermano Earl Best y auguraría resultados positivos a corto plazo para este deporte.

En los años 90 se creó el Cuba Cricket Board, del que Leona Ford Miller fue la primera presidenta, además de ser la única mujer en el mundo en presidir una federación nacional de este deporte. A su vez, el Cuba Cricket Board participó en la celebración del Centenario del Cricket en Inglaterra. Es importante también reconocerle los resultados que obtuvo a partir del 2001, todo lo cual mencionamos a continuación.

2001   Afiliado a la ICC
2002   Leona Ford Volunteer of the Year

2003   Best Overall Cricket Development Program, Guantánamo

2006   Best Women Cricket Initiative, Santiago de Cuba

Actualmente, se practica cricket en muchas partes del país. Este es el caso de la provincia Guantánamo, la que mantiene una práctica diaria en diferentes categorías y sexos. Ricardo Cooper Ray, Silven Butler Fairweather, Gloria Esther Gore y el estudiante de medicina procedente de Dominica, Theodore C. Thomas, influyeron enormemente el desarrollo actual del juego en Guantánamo.

También, Eliezer Brooks Videaux, exjugador y excapitán del equipo nacional de cricket de Cuba, ha sido uno de los abanderados de este deporte. Él ha llevado a cabo proyectos en distintas escuelas y comunidades, para asegurar la incorporación de niños, niñas y adolescentes al mundo del cricket. Y de esta forma, a través de la preparación de profesores, activistas y técnicos del deporte se ha ido constituyendo toda una praxis metodológica para una enseñanza del cricket más accesible.

APORTE DEL CRICKET CUBANO AL EQUIPO WEST INDIES

En resumen, Cuba ha mantenido el cricket en su amplio arsenal deportivo. Si bien no ha exhibido los éxitos trascendentales logrados en otras disciplinas deportivas, sí ha logrado alcanzar una práctica masiva en diferentes grupos étnicos y la conformación de equipos en diferentes niveles competitivos.

Cuba ha aportado también versátiles jugadores que constituyen un atractivo para las autoridades deportivas del país. Incansables promotores y activistas deportivos. Las entidades locales han estado en un constante esfuerzo por incorporar a jóvenes jugadores en los diferentes niveles de las competiciones mundiales de este deporte. La historia del deporte en Cuba testifica que, en lo que a la práctica de cualquier deporte se refiere, no existe nada imposible para los habitantes de esta hermosa tierra.

2.

Primer partido oficial de cricket en Cuba después del triunfo de la Revolución

Vivencias de un encuentro histórico

GILBERTO RAMÍREZ SMITH | ELIEZER BROOKS VIDEAUX |
YANILEISI CALISTRE CUZA

INTRODUCCIÓN

En el presente trabajo se exponen las vivencias de un encuentro de cricket que se llevó a cabo el día 22 de diciembre del año 2001 así como sus actividades colaterales. En el mismo, se abordan hechos y acciones desarrolladas por el Centro de Bienestar de Caribeños Británicos (CENTER) en Guantánamo, para el rescate, implementación y desarrollo de una de las actividades deportivas y recreativas más arraigadas entre los descendientes de los países anglófonos en Cuba, el cricket.

Del mismo modo, se relatan crónicas, comentarios, encuentros fraternales y recreativos con otros asentamientos de descendientes en el país, visitas diplomáticas, y ayudas internacionales como las ofrecidas por los hermanos Best en el desarrollo de habilidades y capacidades deportivas para el juego.

En este escrito se abordan las principales acciones desarrolladas antes, durante y después de dicho partido: la historia del cricket y su llegada a Guantánamo, preparación de una nueva generación de jugadores de cricket y su difusión, su socialización en nuestra provincia, acuerdo para el primer partido, cóctel de bienvenida, primer partido oficial, segundo día, impresiones sobre el primer partido, las hojas de anotaciones, primeras en la historia del cricket en Cuba, y el intercambio con el ex cónsul de Inglaterra en Cuba, Michael White.

RESEÑAS DEL CRICKET Y SU LLEGADA A GUANTÁNAMO

El cricket surge en Inglaterra en el siglo XVIII con el primer partido oficial de 1757. Este juego surge como una actividad recreativa donde los campesinos, al concluir sus jornadas semanales, iban de excursión con sus familias y jugaban cricket. El juego podía durar todo el día, pues el objetivo no era llegar al resultado final rápidamente, sino prolongar el mismo. A veces el juego de una semana se continuaba la siguiente. El objetivo fundamental era divertirse con la eliminación de los bateadores y sus corridas.

A nivel internacional el cricket es dirigido por la ICC (Consejo Internacional de Cricket). En Latinoamérica lo dirige el CCAM (Consejo de Cricket para las Américas), el cual tiene sedes en Inglaterra y Canadá.

Estudios desarrollados por Onil Biens precisan que las inmigraciones masivas de ciudadanos caribeños de habla inglesa habrían traído el cricket a Cuba. Los inmigrantes se instalaron primero en la costa norte de las actuales provincias de Camagüey, Las Tunas y Holguín; pero luego se dirigieron hacia la costa sur y trabajaron en la base naval. De esta forma llegó el cricket a Guantánamo.

Durante este tiempo se jugó cricket en estas zonas, dando lugar a muchos encuentros, entre ellos el de un equipo jamaicano y una selección de Cuba. El primero se efectúo en el año 1955 en Guantánamo, y el segundo se realizó en 1960 en Jamaica, mediante invitaciones de clubes de aquel país a los jugadores cubanos, las primeras después del triunfo de la Revolución. Se jugaron también partidos de fútbol y softbol en varias ciudades, pero los cubanos perdieron todos los partidos. Todo fue relatado por el desaparecido Silver Butler, último sobreviviente de ese equipo, quien era el Presidente de la Peña de Cricket de Guantánamo.

Paulatinamente, los inmigrantes fueron envejeciendo al igual que sus implementos, lo que provocó que disminuyera la práctica del cricket tras el triunfo de la Revolución en 1959. Aunque sus descendientes conocían las reglas del cricket, se dedicaron a otros de mayor arraigo, popularidad y desarrollo en nuestro país. El cricket se practicó en contadas ocasiones durante estos años.

PREPARACIÓN DE UNA NUEVA GENERACIÓN Y SU DIFUSIÓN

En octubre de 1999, el trinitario Earl Best, impartió un seminario de cricket en Guantánamo y trajo consigo una donación que envió su hermano Lloyd Best. Estos implementos fueron entregados al Centro de Bienestar de Caribeños Británicos (British Welfare Center). La donación incluía también libros, videos didácticos e históricos.

Esta donación, más el seminario, posibilitaron que un nuevo grupo de jóvenes reiniciara la práctica de este juego en Guantánamo. La mayoría de los integrantes eran miembros del Centro, lo que facilitó encuentros amistosos contra otros descendientes, como los desarrollados en Baraguá, en la provincia de Ciego de Ávila, Manatí en Las Tunas, y Banes en Holguín.

Tras la elección de un nuevo ejecutivo del Centro, Jorge Derrick fue designado como presidente y Ricardo Cooper como secretario de deporte. Estos acordaron que yo [Gilberto Ramírez] fuera el historiador de cricket en la asociación. Además, propusieron darle utilidad a la gran cantidad de materiales que había en el local. Cooper convocó a un grupo de descendientes, que incluyó a Enrique Duarte, Onil Biens, Jaime Anstrons, Franklin Francis, Carlos A. Salazar y Eliezer Brooks, quien junto con Silver Butler había apoyado el proyecto de asegurar que el cricket continúe en la provincia. Esta nueva generación de jugadores de cricket inició su preparación en la zona contigua al ferrocarril. Posteriormente, se trasladó hacia el terreno de béisbol del antiguo Instituto Superior Pedagógico, hoy Universidad de Guantánamo.

ACUERDO PARA EL PRIMER PARTIDO

En septiembre del 2001, Leona Ford, Presidenta de la Asociación Cubana de Cricket y la persona que más ha luchado para que este juego sea reconocido en nuestro país, invitó a los directivos de la provincia al primer aniversario de la Peña del Cricket de La Habana. Allí acordaron realizar un partido oficial a finales de diciembre. Con la asistencia del cónsul de Inglaterra en Cuba, se honraría este partido histórico. Se acordó que ellos llegarían en tren el viernes 21 de diciembre a Guantánamo. El sábado se llevó a cabo un juego entre los mayores, y el domingo uno entre los niños de Guantánamo contra los de Caimanera.

ACONDICIONAMIENTO DEL TERRENO

En una reunión efectuada el domingo 9 de diciembre del 2001 en el Centro Cooper dio a conocer las comisiones que iban a contribuir con el desarrollo del encuentro histórico. Dichas comisiones estaban integradas por los miembros del equipo de cricket y algunas personas del Instituto Nacional de Deportes, Educación Física y Recreación (INDER). Asistimos al congreso junto con el cónsul, la presidenta Leona Ford, Butler, Cooper, Kiomay y yo así como capitanes, árbitros, anotadores y otros invitados. Luego se discutió sobre el encuentro infantil.

EL PRIMER PARTIDO OFICIAL

El sábado 22 de diciembre del 2001, "Año de la Revolución Victoriosa en el Nuevo Milenio", tuvo lugar la ceremonia de apertura, donde tres niñas demostraron una rutina de gimnasia aeróbica. Los dos equipos desfilaron y se colocaron frente a la presidencia, junto con Eric Caraballo, Director Municipal de INDER, Francisco Ramírez, Metodólogo Provincial de Recreación del INDER, y otros miembros de la delegación capitalina y la nuestra.

Después de entonar el Himno de Bayamo, se presentaron los jugadores de Guantánamo y los de la capital. La presentación fue por orden de bateo: Sergio Roble, Jaime Anstrons, Gilberto Ramírez, Franklin Francis, Carlos A. Salazar, Eliezer Brooks, William Winter, Carlos Hodelin, Enrique Duarte, Miguel Faure y Weslley Miller.

Los visitantes: Liban Luis, Yasmel Collazo, Kiomay Aguiar, Daniel López, Reinier Echevarria, Yamil Diago, Jorge Serrano, Aníbal Delgado, Nelson Silverio, Leonel Pérez, José A. Milán; los voleadores: Kiomay, Liban, Yasmel, Yamil y Reinier.

El sorteo se realizó minutos antes de la ceremonia inaugural y participaron los capitanes y árbitros, en este caso Cesar Valverde. La moneda fue lanzada para determinar el terreno de juego.

El Cónsul realizó el primer boleo del juego y seguido a este lanzamiento simbólico se dio inicio al "primer partido oficial de cricket entre dos provincias de nuestro país después del triunfo de la Revolución". Posterior a las dos primeras corridas de los locales, Sergio y yo fuimos eliminados por bowled. En el segundo over eliminarían al tercer hombre, también por bowled.

Muchos pensaron que no llegaríamos al segundo inning, y los visitantes estaban muy contentos. Sin embargo, por coincidencias de la vida, Carlos A. Salazar fue incluido finalmente en la alineación. Para nuestro beneficio, realizó catorce corridas; incluyendo tres boundaries, entre ellos el primero del juego. Continuamos haciendo corridas, y el partido marchaba fluida y emotivamente. Por el amplificador se anunciaba el marcador y se daban explicaciones sobre el desarrollo del juego.

Aunque el encuentro fue un éxito, no todo salió de maravilla. Desafortunadamente, en un boleo de velocidad, Jaime rozó la bola, y esta impactó violentamente el rostro del wicket-keeper. El jugador fue asistido rápidamente tras arrodillado con las manos en el rostro. Se le sustituyó y condujo al hospital sin que sufriera daños más graves.

Aunque no tuvimos dobles ni triples corridas, sí tuvimos *boundaries*. Por primera vez en el partido y en nuestra historia, William Winter introdujo la pelota en la pequeña grada metálica que está detrás de la cerca que divide el terreno de juego de los aficionados.

Al concluir nuestro turno al bate, teníamos acumuladas 47 corridas y quedaban cinco hombres. Los visitantes iniciaron con buen ritmo al realizar un boundary de Liban Luis al segundo boleo. En total acumulamos tres, lo que nos hacía parecer alcanzables. Transcurridos dos overs, nadie había sido eliminado, hasta que le tocó el turno de boleo a Eliézer, quién propinó el primer bowled contrario. Seguidamente, obligó a batear a Fly, quien fue capturado. A partir de ese momento, las cosas comenzaron a salir mejor. Al culminar el *inning*, los capitalinos teníantreinta y un corridas y les habíamos eliminado a ocho jugadores en el intermedio, Salazar y otros compañeros, al ver la ventaja que teníamos y los pocos hombres que les quedaban (2), plantearon hablar con Cooper, quien luego hablaría conmigo.

En el segundo inning nos retiraron a los cinco bateadores restantes y realizamos ventiún corridas, por lo que en total hicimos sesenta y ocho. Los capitalinos no se dieron por vencidos. Leonel nos lo puso difícil, luego de algunos *beys* que nos costaron cuatro corridas. El equipo se preocupó y hubo un poco de tensión, que también sintieron nuestros aficionados.

Aunque estábamos aislados y hubo boundaries, en este inning, se dio un tiempo para hidratarnos y el juego se reinició cinco minutos después. Entramos con nuevos bríos, eliminando a los contrarios que quedaban y permitiéndoles viente corridas que sumaron cincuenta y una. Así nos adjudicamos la tan preciada primera victoria. Al concluir el encuentro, se le entregó la pelota al cónsul de Inglaterra en Cuba, como reconocimiento a tan honrosa visita.

IMPRESIONES SOBRE EL PRIMER PARTIDO

Michael White, cónsul de Inglaterra en Cuba: "Yo había visto otros partidos en La Habana contra equipos del consulado británico, contra un equipo de turistas norteamericanos y contra estudiantes de la Escuela Latinoamericana de Educación Física; pero entre dos provincias del país, nunca" – A lo que contesté, "Este es el primer partido oficial entre dos provincias después del 59" , y él afirmó maravillado, "deben continuarlo".

Leona Ford, presidenta nacional del cricket en Cuba: "fue un partido excelente. Hubo algunas irregularidades, pero fue un juego muy emotivo y, en fin, del cricket, que es lo más importante".

Ricardo Cooper: Presidente de la Comisión Provincial de Cricket y máximo organizador de este primer encuentro: "Hiciste mal delante de todos, te eliminaron en el primer lanzamiento, eso quedará en la historia, pero boleaste bien y condujiste correctamente al equipo. Todo ha salido muy bien, y lo más importante es que ganamos el juego".

Jaime Anstrons, wicket-keeper del equipo de Guantánamo: "Esta fue una victoria colectiva".

Eliezer Brooks, boleador del equipo de Guantánamo: "Fue un partido excelente. Existieron algunas irregularidades, pero esto es normal en los deportes que están iniciando en un país".

LAS HOJAS DE ANOTACIONES

Debemos agradecer y reconocer el trabajo de los anotadores: Rey Dubuas y Emiliano Castillo, quienes también serán recordados como pioneros de este deporte. Actuaron de forma magistral e imparcial, ya que en los partidos no hubo reclamaciones por su trabajo. Aunque mucho de lo que se hace por primera vez está sujeto a imprecisiones, estas no empañaron la fidelidad de los resultados, ni el excelente espectáculo. Debido a esto, desde la anotación del partido de los mayores, se comenzaron a analizar y señalar los errores e imprecisiones.

Las imprecisiones:

1. No se pudo valorar la cantidad de corridas que realizaron las parejas, porque no se hizo un cierre total a bateador eliminado y un cierre parcial que continuara para definir cuándo comenzaba su actuación con la otra pareja. Esto también impidió reconocer en la hoja de anotación cuál es el orden de los bateadores eliminados.

2. No se pudieron definir las carreras por inning, porque no se marcó de forma diferente la parte de las corridas del equipo al finalizar el inning. Tampoco pudieron definirse cuáles fueron los bateadores que terminaron bateando en el inning, las corridas que acumularon en el primer inning y las que realizaron en el segundo.

3. En las casillas de los boleadores no se puso la cantidad de corridas que les realizaron ni por boleo, ni por *over*. Tampoco se puso la cantidad de eliminados.

4. No hubo coincidencia entre el total y las extras con las corridas del equipo, además de no realizarse el cierre de las mismos después de haberles dado a conocer las imprecisiones en las hojas de anotaciones. Cabe resaltar que esto no tuvo nada que ver con el resultado final de los partidos, ni influyó en el excelente espectáculo que se brindó los días 22 y 23 de diciembre del 2001.

LOS PRIMEROS EN LA HISTORIA DEL CRICKET EN CUBA
DESPUÉS DEL 59

Ofensivo

Sergio Roble, Jaime Anstrons, Kiomay Aguiar., Carlos A. Zalazar, William Winter, Sergio Roble, Franklin Francis, y Livan Luis.

Defensivo

Kiomay Aguiar, Sergio Roble, Yamel Collazo, Carlos A. Zalazar, Livan Luis, Franklin Francis, Luis la Rosa, Cesar Malverde, Rey Dubais, Emiliano Castillo, José A. Milen, Marcos Ferrer, y Roberto Mora

CONCLUSIONES

Como se aprecia a lo largo del trabajo, se ha pretendido demostrar a partir del criterio del relator las principales acciones y resultados que condujeron al éxito del primer partido oficial del cricket entre dos provincias del país después del triunfo de la Revolución Cubana el 1 de enero de 1959.

En el momento en que se desarrollaron las acciones del partido, no existía la posibilidad, como hoy, de tener una cámara digital, un teléfono inteligente o elementos de filmación, por lo que las evidencias no son las deseadas y tampoco tienen la calidad requerida. En la ponencia se presentaron las fotos que tenemos, aunque es posible que en otro momento otras personas presenten nuevas evidencias. Puede que en el futuro no se reconozca este como el primer partido oficial de cricket, pero lo que nadie podrá poner en cuestión es que el mismo se desarrolló en la fecha señalada y con los resultados que aquí se evidencian.

PART 2.

WEST INDIAN MIGRANTS IN CUBA
SOCIAL AND LEGAL ISSUES

3.

Inmigración jamaicana en Guantánamo
Entre la discriminación racial y las leyes de migración

LISANDRO RENÉ DUVERGEL SMITH

UN PREÁMBULO NECESARIO

El pueblo cubano históricamente se ha constituido como resultado de las migraciones, con predominio de la herencia española, africana y antillana. A través de un largo proceso, cada uno de estos grupos poblacionales contribuyó con los elementos que trajeron consigo a la formación de la identidad nacional. Desde el período colonial hasta hoy, los procesos de migración del Caribe insular han sido constantes y crecientes. Estas oleadas migratorias han influido en el perfil demográfico y cultural de algunas regiones de Cuba, como resultado del significado socioeconómico de la mayor de las Antillas y el importante lugar geográfico que ocupa en la región caribeña.

Con el nacimiento de la República Neocolonial fue necesario reconstruir la economía cubana, debilitada tras una guerra devastadora. Para lograrlo, el gobierno precisó un claro aumento de la mano de obra. Esta demanda laboral se convirtió en la principal motivación para incentivar la migración en la región caribeña. Así la entrada y salida de migrantes al país quedó facilitada o restringida como consecuencia de la aprobación de leyes migratorias que seguían la demanda de la industria azucarera. "La inmigración alcanzó el valor de 1 000 000 de personas en comparación con la población de los primeros 25 años de la República (1 500 000 al inicio del período y 3 000 000 al final del mismo; la influencia de este proceso fue claramente observada)" (Zanetti 1976, 341).

La mayoría de los antillanos que se establecieron en Cuba lo hicieron en condiciones estrictamente asociadas con su actividad económica fundamental. El predominio de jamaicanos y haitianos se mantuvo durante toda la etapa, mayoritariamente de forma ilegal, para ir cubriendo sus necesidades laborales. Los jamaicanos estaban ubicados principalmente en los bateyes de los ingenios de azúcar debido a su conexión con el proceso industrial y los servicios de las empresas norteamericanas, mientras que los haitianos construyeron sus casas en las colonias de caña de azúcar porque el corte de caña era su principal medio de vida.

La presencia en Guantánamo de trabajadores de las colonias inglesas del Caribe comenzó a tener un impacto mayor a partir de 1902, cuando trabajaron en la construcción de la línea ferroviaria del puerto de Boquerón, que unía la bahía de Guantánamo con la ciudad de San Luis. Esta fue la etapa en la que las empresas azucareras y ferroviarias norteamericanas e inglesas usaron su posición dominante en Cuba para imponerse a la burguesía agraria doméstica. Durante la construcción de este trayecto que une Guantánamo con el resto del país, los trabajadores contratados sufrieron el rigor de las horas de trabajo y las terribles condiciones de vida.

En 1914, funcionarios de Guantánamo Sugar Company contrataron jamaicanos en la costa norte-este con el objetivo de construir nuevas plantas, ampliar otras y promover nuevas áreas para la plantación de caña de azúcar. Así, los jamaicanos formaron parte de un movimiento migratorio espontáneo, posiblemente facilitado por la proximidad de Jamaica con la costa sur del este de Cuba, el bajo costo del paso y las oportunidades de trabajo. La información disponible indica que Jamaica proporcionó el 60 % del número total de inmigrantes a Cuba. Era el país más cercano y el más poblado. Además el paso a Cuba costaba solo entre 8 y 10 pesos (Batista Estupiñán y Paz González 2011, 1). En esta etapa la situación política del país favoreció los intereses de las compañías americanas, especialmente la United Fruit Company (UFCo) y la Guantánamo Sugar Co., que había realizado sus inversiones en el norte del Oriente de Cuba, en torno a tres ejes fundamentales: las Bahías de Nipe y Banes, algunos territorios ubicados en la actual provincia de Holguín, y la ciudad de Guantánamo (Zanetti 1976, 189).

Los braceros antillanos se convertían en la solución óptima para las necesidades de mano de obra de las compañías. Se trataba de una fuerza laboral barata, altamente productiva y de fácil manejo. Además, la contratación del bracero no entrañaba un vínculo estable y se le podía enviar a su país de origen durante el tiempo muerto, lo cual liberaba a las compañías extranjeras de un posible descontento dentro de sus propiedades cuando las posibilidades de empleo disminuían.

La migración jamaicana, con su fuerte composición de personas negras, se incorporó a un país donde existía la discriminación racial. Esta discriminación también afectaba a los cubanos, de quienes se tenía una visión basada en la noción de superioridad racial anglosajona, que subsistió en el trato del interventor norteamericano hacia Cuba durante toda la República.

Lo adecuado, para los que dictaban las leyes, era pensar en estos trabajadores como factor que alteraban la composición racial del país, por lo que desde su llegada fueron sometidos a discriminatorios tratos. Todo ello explica que para los inmigrantes la problemática racial fue uno de los temas más vividos en la Republica Neocolonial.

La situación de este tipo de trabajador se torna complicada al convertirse en víctima de una triple discriminación como obrero, por el color de la piel y por inmigrante. De ahí que esta investigación analice la problemática racial vivida por la inmigración jamaicana en Guantánamo durante la intervención norteamericana, a través de la implementación del aparato legislativo como elemento generado por el contexto sociopolítico.

INDUSTRIA AZUCARERA Y NORMAS LEGALES DE INMIGRACIÓN: UNA DEMANDA LABORAL NECESARIA

Todo el proceso de inmigración anglo-caribeño hacia Cuba fue regulado por las leyes en los diferentes gobiernos. En mayo de 1902 la Orden Militar número 155 del 15 declara ilegal la promoción de la inmigración de extranjeros a Cuba. Aquella disposición fue la base de la legislación republicana en la materia en términos de inmigración. Se distinguió por su carácter ferozmente racista al proscribir la inmigración contratada.

Esta ley prohibió la entrada al país de todas las personas que pudieran perjudicar la salud o el orden público, como personas insanas, contagiosas, susceptibles de convertirse en una carga pública, criminales y prostitutas. También se prohíbía la importación de mano de obra barata por medio de contratos.

Ante los serios obstáculos que se derivaban de tal legislación, las compañías extranjeras comenzaron a gestionar, con el gobierno del presidente Estrada Palma, la derogación de las cláusulas que prohibían la entrada de braceros. Mientras el problema se solucionaba, las compañías se dedicaron a buscar trabajadores en cualquier parte; pero estos grupos de trabajadores eran solamente paliativos para las crecientes necesidades de fuerza de trabajo que afrontaba la Compañía Sugar Co.[1]

Sin embargo, no es sino hasta el 11 de julio de 1906 que se sanciona un proyecto de ley que autorizara la entrada al país de familias que vinieran dispuestas a dedicarse a las faenas agrícolas. Gracias a esta nueva ley de inmigración, fue posible asegurar la mano de obra necesaria para que los centrales azucareros en el área comenzaran a moler. Cabe señalar que entre los braceros que llegaron, ya había una proporción significativa de jamaicanos contratados para la zona de Guantánamo.

En 1910, la situación favoreció aún más a los propietarios de la industria y a los migrantes, cuando el presidente José Miguel Gómez promulgó el Decreto Nffl 743, de 20 de agosto. Este decreto permitió a las empresas privadas introducir a los llamados colonos inmigrantes para el trabajo agrícola.

Esta reglamentación impulsó la aparición del *Reglamento para la ejecución de la Ley de Inmigración, Colonización y Trabajo*, de enero de 1913, que autorizaba a diversas empresas y productores privados introducir en Cuba a miles de colonos inmigrantes; por este medio tanto Guantánamo Bay Company como otras compañías extranjeras obtuvieron autorizaciones a través del Decreto para atraer a los campos de caña a miles trabajadores antillanos dispuestos a trabajar en la agricultura y en otras labores, así como braceros de países de Europa, con el fin de establecerse en Cuba (Pichardo 1973, 370).

Se utilizaron en este periodo dos sistemas para importar braceros a la isla. El primero, que fue el más utilizado, funcionaba a través de un contratista que, mediante un acuerdo previo con la compañía, era responsable del reclutamiento de braceros en su país de origen y de transferirlos por cuenta propia a un puerto determinado. El contratista recibía un pago global sobre la base del número de trabajadores contratados. El segundo sistema consistía en la contratación directa del trabajador por la compañía en su país de origen, sin mediar contratista alguno. En este caso, eran las compañías las que asumían su traslado a Cuba. Estos sistemas se desarrollaron de forma paralela, instaurándose como un procedimiento definitivo cuando la legislación que regulaba la inmigración de braceros entró en vigor en 1923. En cualquiera de los dos sistemas, los trabajadores antillanos, una vez desembarcados, se concentraban en el astillero ferroviario de la Cuban Railroad Company, donde se registraban mediante un número. Inmediatamente se procedía a la distribución del contingente al lugar donde se asentarían, principalmente en cuarterías, con el objetivo de establecer familias enteras para su mejor agrupación y control.

Para garantizar un mínimo de subsistencia y, por supuesto, de permanencia a los trabajadores en las tierras de sus bienes, la Compañía concedía a cada familia establecida una pequeña casa junto con una porción de tierra en *usufructo,* en la que pudieran desarrollar algunas prácticas de autoconsumo, así como la cría de animales de corral y aves (Batista Estupiñán y Paz González 2011, 6).

En el año de 1914 la vieja Europa estaba involucrada en la Primera Guerra Mundial, razón por la cual la producción de azúcar de remolacha era prácticamente inexistente. Esto causó una gran demanda de azúcar de caña del trópico y el aumento de los precios, iniciando en el país un período de bonanza económica conocida por la historiografía cubana como un período de las "vacas gordas". Los molinos aumentaron la producción y necesitaban aún más hombres, de modo que los propietarios de todas las compañías extranjeras que tenían que ver con el proceso de exportación de azúcar incentivaron la entrada de un grupo diverso con predominancia étnica correspondiente al siguiente orden: cubanos, españoles, haitianos, jamaicanos y otras islas de las Antillas.

En 1917, el presidente de la República, Mario García Menocal, sancionó la ley de inmigración votada por el Congreso, dando comienzo a un *boom* de entrada de extranjeros en el país. Los jamaicanos contratados penetraron en la isla a través del puerto de Santiago de Cuba y, en menor medida, por la bahía de Guantánamo. Los migrantes jamaicanos habían recibido a través del gobierno británico la categoría de sujetos ingleses, por tanto, un número considerable de jamaicanos orgullosos de su categoría, eran llamados en el este de Cuba "negros ingleses" (Carreras 1984, 20).

En 1920 se inició un período en el que ya no se fomentarían más leyes inmigratorias. De hecho poco tiempo después comenzarían a escribirse leyes de repatriación. Estas leyes nunca tuvieron en cuenta cuánto le habían tributado al país con su trabajo y sudor aquellos que llegaron con los albores del siglo XX. Para entonces, la sociedad continuaba con su política discriminatoria, mientras que los inmigrantes de Jamaica daban lecciones de civismo mostrando su la capacidad de adaptación y su aptitud para vivir en una sociedad que se llamaba civilizada, en un período en el que todavía pensaban en el retorno a Jamaica.

Un año más tarde, en 1921, el gobierno manifestaba a través del Decreto 1404 que los inmigrantes se habían convertido en una "carga" para el Estado, por lo que ordenaban el reembarque. Más tarde, se anunció que todo bracero desempleado sería repatriado o desembarcado de acuerdo con los decretos 1404 del 20 de julio y 1500 y 1728 del mismo año. De esta manera y a pesar de que los inmigrantes haitianos y jamaicanos eran parte fundamental de la fuerza de trabajo en las colonias cañeras y cafeteras, fueron sometidos a crueles leyes de repatriación forzosa. Ante esta disyuntiva, los obreros no tenían más remedio que aceptar el realizar disímiles labores por salarios muy bajos para sobrevivir al estado de miseria de la región.

El 19 de julio de 1933 se aprueba otro decreto para la repatriación obligatoria de braceros antillanos fundamentalmente haitianos. En junio de 1934 se conocía que unos 8000 haitianos habían abandonado el país definitivamente por cuenta del cruento y largo proceso de expulsión, que además estaba lleno de incertidumbre. "En el orden cuantitativo la inmigración antillana que se produce en Cuba entre 1902 y 1930 va a estar dominada por haitianos y jamaicanos (. . .) la haitiana ascendió a 190 255 y la jamaicana a 121 520" (Castell 2007, 517). Adicionalmente, se sabe que el 90 % de la inmigración haitiana y jamaicana entre 1912 y 1929 fluctuaba entre los catorce y cuarenta y cinco años de edad, es decir, en edad laboral.

Aparejado a todo este proceso, la *Ley de Nacionalización de Trabajo*, cuya aplicación fue extendida y profundizada por el gobierno de Fulgencio Batista entre los años 1937 y 1941, establecía que su aplicación era en los negocios de la economía formal. Para los inmigrantes jamaicanos que por diferentes razones no quisieron o no fueron repatriados, se abrió la oportunidad de empleo en el sector informal. De ahí la proliferación entre este grupo de la práctica de oficios por cuenta propia en los que pusieron a prueba las habilidades con la que habían llegado a Cuba.

En resumen, la renovación y expansión de la industria azucarera cubana afectó la vida cotidiana de los trabajadores que cortaban, cargaban y acarreaban la caña de azúcar. El engaño de las compañías azucareras y el lamento de la llamada escasez crónica de trabajo obligaron a los funcionarios cubanos a reformar constantemente las leyes de inmigración durante la primera década del siglo XX.

INMIGRACIÓN JAMAICANA Y DISCRIMINACIÓN RACIAL. ACCIONES DE RESISTENCIA: CAMINO PARA LA AUTONOMÍA ANTILLANA

Durante toda la etapa de la Republica Neocolonial las personas de piel negra recibieron los mayores maltratos perpetrados por el gobierno y por las compañías norteamericanas y en general extranjeras que los contrataron para trabajar, además de someterlos a las situaciones más humillantes, como víctimas de un sistema de segregación racial. En la medida en que nuevas formas de segregación se fueron implementando y consolidando, la población negra vagaba sin empleo por todo el país.

Según Carlos Moore (2015), los inmigrantes caribeños de habla inglesa, estaban casi en el último nivel del 85 % de pobres que existían en Cuba. Los que trabajaban en el ingenio azucarero escapaban por poco de vivir en situación de miseria en la peor parte de la ciudad.

Para Moore (2015), la posición en la escala de las labores agrícolas determinaba la clase social. Las familias norteamericanas, que vivían en el sector blanco y dirigían el ingenio de azúcar, constituían la elite de la elite. Entre tanto, los gallegos y criollos estaban incluidos en el mismo nivel social, junto a los turcos, los judíos del este de Europa y los árabes de Oriente Medio. Los chinos disfrutaban de una posición intermedia, les continuaban los guajiros blancos cortadores de caña que vivían en zonas apartadas.

En el último lugar estaban los negros, en orden decreciente. Primero se encontraban los mulatos de piel clara, seguidos por los negros nacidos en Cuba y conocidos simplemente como negros. Les continuaban los caribeños de habla inglesa y luego los haitianos (Moore 2015, 21–24).

Según Jorge Ibarra (1985), en los años 1916 y 1917 los trabajadores jamaicanos eran el grupo humano de nivel cultural más elevado, seguido por los trabajadores españoles y cubanos, y por último los haitianos. Este autor recogió en su obra los índices de analfabetismo en estos grupos de inmigrantes de la siguiente manera: en 1916, de 37 615 inmigrantes españoles, el 19 % eran analfabetos; de 7173 jamaicanos, solo el 7 % lo eran; y de 4922 haitianos, 92 % eran analfabetos. Para 1917, los datos son similares. Emigraron a Cuba

34 795 españoles (20 % analfabetos); 7889 jamaicanos (6 % analfabetos) y
10.136 haitianos (95 % analfabetos) (Ibarra 1985, 163–165). Por lo tanto, en
lo que respecta a los inmigrantes de Jamaica, resulta inconsistente la tesis
de que se trataba de una inmigración inculta.

Sin embargo, por su condición de inmigrantes y por el color de la piel,
los jamaicanos y jamaicanas eran discriminados. Según Moore (2015) eran
llamados de manera despectiva "pichón". Este término se empleaba para
designar a los descendientes de emigrantes antillanos, quienes a su vez eran
llamados "urubus", en referencia un pájaro que se caracteriza por comer
carne de cuerpos humanos muertos. Los guajiros blancos cubanos solían
pensar así que los emigrantes antillanos robaban cadáveres en el cementerio
para comerlos; según esa idea, si los antillanos eran pájaros entonces sus
hijos eran catalogados como pichones. El término pegó tanto que se mantuvo
como término despectivo en el acervo cultural cubano (Moore 2015, 29–31).

A pesar de ser la fuerza laboral con mayores desigualdades y de ser
considerados como "extranjeros indeseables" por la amenaza que su negritud
representaba para el destino racial de la República, esta población desarrolló
toda una infraestructura institucional: asociaciones étnicas, sociedades de
ayuda mutua, instituciones religiosas, logias fraternales, escuelas en inglés
e instituciones deportivas, entre otras.

Los braceros jamaicanos establecieron sociedades benévolas para
resistir ataques a su dignidad y humanidad. Algunos de estos aspectos
socioeconómicos y estructuras políticas ayudaron a familiarizar a los braceros
con los principios de la raza, la solidaridad interétnica y el colectivismo. Así,
muchos de estos trabajadores considerarían unirse a la Mayor Multiétnica
o Transnacional, organizaciones que aparecieron en la década de 1920 para
disputar el poder del azúcar a las compañías (Howard 2014).

El desarrollo de la conciencia de los trabajadores caribeños negros ocurrió
después de que el nacionalista panafricano Marcus M. Garvey introdujera
y difundiera su ideología dentro de las comunidades azucareras. Cuando
Garvey llegó a Cuba en la primavera de 1921, esperaba obtener el apoyo
moral y financiero de los negros y cubanos blancos. Con el paso del tiempo
el Garveyismo se transformó en un movimiento transnacional (Howard
2014). El movimiento de Marcus Garvey tenía en Cuba el mayor número
de sociedades (Asociación Universal para la Mejora del Hombre Negro,
UNIA, por sus siglas en inglés), solo detrás de los Estados Unidos, donde

los inmigrantes antillanos de habla inglesa representaban la mayoría de su membresía.

En el acta de constitución de la sociedad se reflejaron los objetivos que perseguían los asociados y se declaraban como:

> una sociedad de instrucción, benéfica, de ayuda mutua y recreo y como su antecesora de Jamaica, nació con el objetivo de lograr la reivindicación de la raza negra, resaltar el orgullo por la madre África y el retorno de sus hijos. Estuvo permeada de las ideas del positivismo que veía en la educación el principal baluarte para eliminar la discriminación y solucionar otras problemáticas que conspiraban contra la verdadera libertad del negro y su reconocimiento social. El British West Indian Welfare Centre (Centro de Bienestar Antillano), establecido en 1943 en Guantánamo, fue una de las organizaciones de inmigrantes más visibles, dado que existía una migración interna significativa en la ciudad a finales de los 1930 y 1940, al igual que en Camagüey y en otras partes de Oriente. (Chacón 2014, 7)

Los niveles extremos de represión y explotación que sufrieron los trabajadores negros del Caribe eran similares a los de otros trabajadores como mineros, marineros mercantes, madereros y estibadores, que se enfrentaron de manera similar a condiciones de trabajo y vida degradantes, empobrecidas y peligrosas pero eventualmente desarrollaron respuestas unificadas a sus circunstancias.

La solidaridad de los trabajadores, basada en ocupaciones compartidas, valores y creencias socio-religiosos, junto con el compañerismo y cooperación, les permitió unirse y resistir su subyugación (Howard 2014, 29). En esencia, para mitigar el efecto de los prejuicios y la discriminación, los negros necesitaban una variedad de estrategias basadas en circunstancias locales y nacionales.

CONSIDERACIONES FINALES

La inmigración jamaicana estuvo estrechamente relacionada con diversos factores económicos, sociales y político-jurídicos, entre los cuales cabe destacar el entreguismo de los gobiernos de turno y las leyes migratorias. Las crecientes necesidades de mano de obra barata para la producción azucarera en la región oriental condicionaron este tipo de inmigración en varias localidades del oriente cubano en especial la ciudad de Guantánamo.

La desigualdad racial en Cuba permanecía, siguiendo la tendencia latinoamericana. Esta se trasladaba de los sectores masivos de la economía hacia los más deseables. La raza continuó siendo un obstáculo para acceder a las profesiones. Las diferencias salariales, asociadas al color de la piel no eran muy grandes entre los trabajadores manuales, pero aumentaban significativamente entre los profesionales, sector en el que, además, los negros estaban mucho menos representados. La meritocracia, base sobre la cual funcionaba la sociedad republicana, siempre fue invocada para minimizar la participación de los negros y los blancos pobres dentro de la administración pública o en las empresas y oficinas del sector privado.

Tanto en la constitución de 1901 como en la de 1940, había sido declarada la discriminación racial como ilegal y castigable. Sin embargo, no es posible recordar una sola ocasión, a lo largo de toda la práctica jurídica de la República, en que se sancionase a una persona o sector oficial por ejercerla. Tal situación obedecía a dos factores principales: la forma por lo general encubierta en que la discriminación era practicada y, por otro lado, la debilidad de los negros, mestizos y del *corpus* social en general para exigir justicia en este campo.

NOTAS

1.   La United Fruit Co, al igual que las demás compañías de la época, como la Cuban Railroad Co., Guantánamo Sugar Company entre otras debían tomar medidas tendientes a garantizar la mano de obra indispensable. Los productores de azúcar y otros presionaron a los gobiernos de turno para conseguirlo.

LISTA DE REFERENCIAS

Batista Estupiñán, Yenia, y Alexander Paz González. 2011. "Influencia cultural de la inmigración jamaicana en la localidad de Guatemala". *Contribuciones a las Ciencias Sociales*, no. 13 (julio): 1–10. http://www.eumed.net/rev/cccss/13/bepg.htm.

Carreras, Julio Ángel. 1984. *Breve historia de Jamaica*. La Habana: Editorial de Ciencias Sociales, 20–46.

Castells, Manuel. 2007. *La Cuestión Urbana*. La Habana: Editorial Félix Varela.

Chacón Campbell, Edilinda. 2014. *Discriminación racial en cuba y sus leyes inmigratorias (190 1920). Actitud de los inmigrantes de Jamaica en la ciudad de Santiago de Cuba*. Documento inédito, 2–10.

Howard, Philip A. 2014. "Treated Like Slaves: Black Caribbean Labourers in the Modern Sugar Industry, 1910–1930." *Journal of Caribbean History* 48, no. 1/2:25–63.

Ibarra Cuesta, Jorge. 1985. *Un análisis psicosocial del cubano: 1898–1925*. La Habana: Editorial de Ciencias Sociales.

Moore, Carlos. 2015. *Pichón. Minha vida e a Revolução cubana*. Belo Horizonte: Nandyala.

Pichardo, Hortensia. 1973. *Documentos para la historia de Cuba*. Vols. 1 y 2. La Habana: Editorial de Ciencias Sociales.

Zanetti Lecuona, Oscar. 1976. *United Fruit Company: un caso del dominio imperialista en Cuba*. La Habana: Editorial de Ciencias Sociales.

4.

La inmigración jamaicana en el noreste más oriental cubano

Su legado actual

EDGAR RITCHIE NAVARRO

INTRODUCCIÓN

El Caribe está asombrosamente localizado en América. A este pertenecen un grupo de islas a las que llegaron los europeos hace más de 500 años en busca de nuevas rutas comerciales. Como verdaderos aventureros, se encontraron con un gran continente; no obstante, llamarlos descubridores adelantados de América es triste, ya que lo que verdaderamente hicieron fue tratar de arrasar con la cultura existente en su afán de riqueza.

Fue en el Caribe donde más se ensañaron los europeos, pues vinieron de España, Inglaterra, Portugal, Francia y hasta de Holanda a repartirse este gran botín formado por las islas caribeñas. Sin darse cuenta, estos detractores de culturas estaban formando una nueva raza humana; así dieron origen a la mezcla étnica propia de los caribeños, que heredaron una cultura de paz y armonía a pesar de su gran diversidad y de todo lo que enfrentaron.

Con el pasar de los siglos vinieron diversas etapas cada vez más tristes y bochornosas para estos territorios. ¿Cómo llamar descubridores a los que impusieron la colonización, a quienes se robaron la riqueza de estas tierras y provocaron la más dura pena humana, la esclavitud? ¿Quién llamaría por primera vez a alguien por el apelativo de esclavo? Definir qué significa ser esclavo debe ser lo más aberrante que pueda conocerse.

Convirtieron a los indefensos pueblos indígenas en esclavos y una vez aniquilados optaron por el inhumano comercio de negros convertidos en esclavos. No lo buscaron en Europa, lo cazaban en el África. Los extraían de sus aldeas para comercializarlos en América, especialmente en el propio Caribe. De esta manera, como esclavos, fueron traídos de África caciques, reyes, príncipes, guerreros, niños, jóvenes y hasta mujeres quienes finalmente dieron origen a los caribeños, ya sean cubanos, boricuas, dominicanos, haitianos, jamaicanos, trinitarios o de cualquier otra isla.

El Caribe es así un gran contexto cultural formado por un conjunto numeroso de islas de diferentes idiomas y costumbres. Es un escenario de importantes procesos migratorios que han influido y transformado las sociedades a lo largo de los dos últimos siglos sustancialmente, y que han favorecido la incorporación de nuevas características de identidad de los pueblos caribeños.

Los cubanos, quienes derramaron tanta sangre por ser libres e independientes del colonialismo español, sufrieron la primera intervención norteamericana cuando culminaba la Guerra del 95, la cual había sido organizada por uno de los hombres más grandes de esa América: José Martí. Por cuenta de este conflicto armado, el capital estadounidense (que se imponía en la desbastada economía cubana al instaurarse la República en 1902), enfrentó una cruda realidad: la carencia de fuerza de trabajo. Los campos cubanos principalmente en el oriente estaban despoblados debido a la implantación de la tea incendiaria por parte del Ejército Libertador y al mismo tiempo, la atrocidad cometida por el Ejército Español: La Reconcentración de Weyler, que pasó por las armas a un número enorme de la población cubana campesina de finales del siglo XIX.[1] Diversas fuentes afirman que el número aproximado de muertes asciende a unos 300 000 habitantes. (García Suárez 2017; Marín Rivero 2011)

Una consulta a la literatura disponible lleva a la conclusión de que los anglocaribeños se establecieron en la región nororiental, donde la United Fruit Company (UFCo) instauró la industria azucarera, iniciándose por Banes. Resulta imprescindible, por tanto, hacer referencia al importante papel desempeñado por estos grupos étnicos en el desarrollo económico, social y cultural de la comunidad. Muchos de ellos se vincularon a las labores de producción de azúcar, y otros a los diversos oficios que beneficiaron considerablemente a los habitantes de los poblados. Aunque en las localidades del noreste existió también la presencia de otros inmigrantes caribeños, chinos, hebreos y españoles, la presencia jamaicana constituyó una de las más significativas.

En entrevistas y encuestas realizadas a estudiantes, trabajadores de instituciones culturales y educativas, así como a descendientes de inmigrantes jamaicanos establecidos en las localidades del noreste cubano donde vivieron los jamaicanos, se observa que existe un desconocimiento por parte de las nuevas generaciones del importante papel desempeñado por la inmigración jamaicana en la vida social, económica y cultural.

En estas direcciones, hay que subrayar que, aunque se imparte la asignatura de Historia de Cuba en las escuelas y se le da tratamiento a la historia local, no se hace referencia al aporte brindado por los inmigrantes jamaicanos a la comunidad. Las instituciones culturales no tienen dentro de sus prioridades de trabajo la preservación del patrimonio cultural legado por los inmigrantes jamaicanos.

Actualmente no existen suficientes investigaciones históricas que recojan aspectos relevantes del aporte de la inmigración jamaicana a la vida económica, social y cultural de los asentamientos de la zona nororiental, por lo que se propone como objetivo de la investigación reconocer y difundir los aportes económicos, sociales y culturales de la inmigración jamaicana al territorio del noreste más oriental cubano.

DESARROLLO

Especial atención merece el territorio próximo a la bahía de Nipe, el cual corresponde a la provincia de Holguín desde la división político-administrativa del Estado cubano en 1976.

En Banes, especialmente, se inicia la entrada de capital norteamericano, apenas concluida la Guerra. La zona tenía sus bases financieras en la plantación y comercialización del banano, propiedad esencialmente de la familia Dumois, cuyo control casi total del comercio estaba centrado en el litoral, desde Gibara hasta Baracoa, y mantenía relaciones comerciales con la Boston Fruit Company. Finalmente, varias organizaciones se unieron y conformaron la United Fruit Company, destacándose en esta nueva sociedad Lorenzo Down Baker y Andrew Preston.[2] Este último aprovechó la coyuntura política, social y económica de la isla para apoderarse de grandes extensiones de tierra e iniciarse finalmente en la industria azucarera cubana. Los datos documentales aportados por el historiador de Banes Abel Tarrago López lo demuestran.

En 1898 se inicia la construcción del primer central azucarero, construyéndose además el primer pedraplén en Cuba, en cayo Macabí enclavado en la bahía de Banes. También se construirían muelles, vías férreas y el nuevo batey, todo por interés de la dirección de la United Fruit Company. Se crea así un asentamiento con la infraestructura para proporcionar comodidad a los trabajadores extranjeros y cubanos.

Con el establecimiento de su primera molienda a partir de febrero de 1901, y ante la escasez de mano de obra llegan los primeros jamaicanos a Cuba, 300 en 1899. Este contingente lo integraban mujeres que se dedicarían a las labores domésticas, ya que poseían muy buenos modales. Eran también excelentes cocineras, reposteras, costureras, bordadoras y con capacidad de leer y escribir. Los hombres eran obreros con determinados oficios y con experiencia para la naciente industria que llevó el nombre de Boston. En años posteriores, continuó este flujo migratorio incrementándose debido al creciente aumento de esta industria.

La Tabla 4.1 (anexo 4.1) muestra los centrales azucareros en lo que hoy comprende la provincia de Holguín, construidos en su gran mayoría con financiamiento norteamericano. La nueva infraestructura trajo una rivalidad por la fuerza de trabajo que hacía que los pagos en esta zona fluctuaran en relación a los diferentes empleadores. Lo anterior llevó a que la United Fruit Company instaurara condiciones económicas, sociales y culturales nuevas para estabilizar su fuerza de trabajo. De allí surgieron los nombrados barrios jamaicanos desde la década del veinte, siempre vinculados a la industria azucarera (domésticos, técnicos, obreros, transporte ferroviario entre otros), en distintos lugares del noreste más oriental cubano, como son el barrio Antillano, en la Güira de Banes; Kingston, en Tacajó; Brooklyn, en Preston (actual Guatemala); Cayo Mambí, Cananoba (actual Frank País); y en San Germán, Báguanos, Cacocum, Marcane, Guaro, San Vicente, Cueto, Deleyte, Antillas, Cayo Saetía, Birán Castro, entre otros.

La migración jamaicana en otros renglones de la economía estuvo condicionada desde finales de la década del veinte por la caída del precio del azúcar y las deportaciones que se establecieron. Esto generó la necesidad de trasladarse a otros lugares en busca de mejoras. Uno de esos lugares fue la región histórica de Baracoa, la cual estuvo condicionada por el propio comercio de cabotaje y por la cantidad de antillanos que fluctuaban por estos territorios. También aumentó la demanda de mano de obra ante el incremento en esta zona del comercio y las plantaciones de banano, café, cacao, coco y otros cultivos.

Posteriormente, con la aparición de la minería que estuvo en manos de capital principalmente norteamericano (subseguida por la industria forestal como la de Moa y Cayogüín), los jamaicanos ocuparon un papel importante en esas comunidades, con un flujo del noreste. Allí los anglocaribeños gozaban de distinción por encima de los nacionales y de otros inmigrantes.

Tal relevancia de los jamaicanos tiene su verdadero origen en 1834, cuando en las islas del Caribe anglófono se aprueba definitivamente la libertad de los esclavos y se implanta similar educación y cultura a la existente en la Inglaterra de la Época Victoriana. Por ello, era muy difícil encontrar entre los jamaicanos un analfabeto, en tanto que en Cuba, si bien se decretó definitivamente la abolición de la esclavitud en 1885, no se sabe a ciencia cierta hasta cuándo existieron esclavos. El gobierno colonialista español y la instaurada Republica cubana nunca se interesaron verdaderamente por esos aspectos básicos de cualquier sociedad: la educación y la cultura.

Algo similar ocurrió en Haití, de ahí que los inmigrantes haitianos que arribaban fuesen analfabetos casi en su totalidad. Otro elemento que incide a partir de la década del 40 es la aparición de la industria niquelífera, por la cual muchos anglocaribeños se trasladaron a Lengua de Pájaro, hoy Nicaro, y posteriormente a Moa, con marcada incidencia en los últimos años de la década de los 50.

Según los datos aportados por los propios descendientes jamaicanos de tres comunidades aisladas entre sí como Barrio la Güira (Banes), Reparto Aserrío (Moa) y Cayogüín (Baracoa), los anglocaribeños incidieron en la United Fruit Company durante la creación de instituciones de formación y recreo como iglesias, escuelas o clubes. Estas entidades tenían un carácter instructivo en el sentido amplio de la palabra, donde de manera exclusiva y obligatoria había conocimientos y destrezas básicas que debían adquirir los hijos y nietos: el dominio pleno de inglés y español (bilingüismo) y de la cultura universal, actividades de la iglesia en coros e instrumentos musicales, y la práctica de diferentes deportes.

Además, recibían una educación muy rigurosa que se puede catalogar como informal, ya que era recibida fuera de las instituciones educativas tradicionales. Se les enseñaba tanto en las diferentes instituciones y organizaciones creadas por la comunidad como en el hogar con reglamentos y códigos muy estrictos. Así se formaba al individuo para la vida en todos los sentidos y se buscaba crear actitudes ejemplares ante la sociedad.

Todo esto fue, sin lugar a dudas, lo que los enalteció y les permitió enfrentar una cruenta marginalidad racial. Esto provocó que se mantuvieran aislados de conductas, vicios y costumbres enraizadas en la sociedad cubana, como actos constitutivos de violaciones de lo legalmente establecido: la prostitución, los juegos, la deshonestidad, el impudor, y otras conductas que no tienen que ver con la moral adecuada. De todo esto devino un nuevo patrón de conducta, incluso digno de imitar y multiplicar por parte de los nativos. De ahí el apelativo de "negros finos", que hace pensar en una nueva clase social en Cuba. Este legado se mantiene aún por sus descendientes.

CULTURA

Todas las instituciones mencionadas hicieron presencia en los asentamientos jamaicanos como iglesias, escuelas, centros de recreo, clubes, sociedades de instrucción y beneficencia. Igualmente, hubo otras organizaciones que constituían un ambiente social y espiritual de gran valor. Un ejemplo de estas instituciones es el *Jamaica Club* de Banes, fundado el 12 de junio de 1927; aunque ya funcionaba desde el primero de agosto de 1924, según las investigaciones realizadas por la historiadora de Banes Yurisay Pérez Nakao (2012).

El Jamaica Club les brindó a sus miembros protección social y espiritual. Fue un paradigma en cuanto a servicios educacionales, de salud y recreación, que contribuyó a conservar y difundir las tradiciones de sus ancestros como respuestas de identidad ante el contexto de la pseudo-república. Ayudó así a esta comunidad a sobrevivir y sobreponerse a las dificultades que atravesaban en una sociedad capitalista que los despreciaba y enseñó a las generaciones de descendientes a amar su color de piel, educándolos en el orgullo por su cultura y autoestima (Pérez Nakao 2012).

Migrar a Cuba en busca de una vida mejor representó para estos antillanos el tener que enfrentar una cruenta marginalización por ser pobres, inmigrantes y además negros. Pero a pesar de todas las dificultades supieron imponerse en una lucha ardua y plagada de inconvenientes. La propia compañía norteamericana fundada en las experiencias de la construcción del canal de Panamá, en Costa Rica y otros territorios, diseñó todo un engranaje bien concebido para mantener su fuerza de trabajo y evitar conflictos, construyendo casas y otras instituciones para beneficio social.

De esa manera, el dinero casi en su totalidad volvía nuevamente a sus arcas. Los antillanos, de gran beneficio para la empresa, recibían un salario mísero y como grupo no tenían la herencia combativa de los cubanos.

En la medida que los anglocaribeños se fueron estableciendo en otros lugares, se iban creando determinadas instituciones, incluso sin el apoyo financiero de los dueños de los centrales azucareros o el de las colonias cañeras. Cada una de estas entidades tenía un código o reglamento muy estricto, lo que llevaría a que los anglocaribeños se distinguieran por encima de otros inmigrantes e incluso de los propios nativos. Es por eso que hoy se conservan muchas manifestaciones culturales que en Jamaica, por infortunio, desaparecieron totalmente.

Llama la atención cómo la gran mayoría de los investigadores de estos grupos la definen como una cultura cerrada o semi-cerrada, pues al mismo análisis del discurso de la época, a la marginación asombrosa que enfrentaron, al plano conceptual del que eran víctimas y la situación imperante en su país, explotados por un comercio lucrativo en todos los sentidos, también se sumaron los perjuicios impulsados por el sentimiento racista imperante en la naciente burguesía cubana, que estaba transformándose en una nueva sociedad, pero seguía carente de un verdadero poder político y económico.

Por estas razones, esta burguesía usaba y atacaba simultáneamente a los migrantes jamaicanos, incluso de la manera más infame, cuando difundía artículos perniciosos a través de los medios de comunicación. Esta situación conllevó al rechazo de una parte de la población nativa, tan marginada como los propios antillanos. No obstante, estas instituciones culturales y organizativas de los anglocaribeños los condujeron a ocupar un peldaño muy alto dentro de las localidades donde se establecieron.

LEGADO CULTURAL: COCINA Y PLANTAS

En la actualidad sus descendientes sienten un orgullo enorme de pertenecer a una diáspora de inmigrantes anglocaribeños que con dolor, inteligencia, tenacidad y gran emprendimiento se impusieron en esta parte de Cuba, enfrentando algo que ya es inimaginable para las actuales generaciones. Por esas razones, se distinguen por su gran sentido de responsabilidad. Son personas muy conservadoras, de pocos comentarios, de hablar bajo y ante todo muy calculadores. Sobresalen en las diferentes esferas de la sociedad cubana actual como deportistas, pastores de iglesias y músicos destacados.

Como ejemplos están Fernando Dewar, director del sexteto santiaguero, ganador de un Grammy latino; o el combatiente Charles Caín Williams, quien junto a otros descendientes se incorporó a la lucha por derrocar la dictadura de Batista, convirtiéndose desde muy joven en Combatiente de la clandestinidad, miembro del Ejército Rebelde, integrante de la Guerrilla del Che en el Congo, y hoy oficial retirado de las Fuerzas Armadas Revolucionarias. También se incluyen destacados intelectuales, profesores especialmente del idioma inglés, maestros, doctores en ciencias, médicos, y otros especialistas.

El mayor ejemplo de esta cultura está en el grupo RESCAT dirigido por Clinton Allen Edwords, de Guaro, en el municipio Mayarí, el cual tuvo el mérito de haber alcanzado el Premio de la Cultura Comunitaria en Cuba en el 2016 con coreografías que incluyen: "Slide Manguse", "Bahana", "Dudú", "Mayaya oh", "Rosibel", "Woman Swil". Este grupo es una cantera de bailarines en formación, en la que cabría destacar el grupo Danzario Infantil, que se encargará de darle continuidad a sus tradiciones. Existe también en la comunidad de Banes un grupo musical dirigido por William Edwards Oackley, que mantiene vivas las tradiciones musicales familiares. Su padre fue un gran saxofonista en varias agrupaciones, además de profesor de inglés. Como músico de la banda municipal desarrolló un proyecto, especialmente en el género de la rumba, imponiéndo los ritmos anglocaribeños.

En la misma toponimia de esta región existen muchos lugares relacionados con la migración anglocaribeña como son: Kingston, Playa Jamaica, Ensenada de Jamaica, Barrio Antillano, Loma Jamaica, Reparto Brooklyn, o Colonia Ritchie. La toponimia fue siempre una forma de mantener vivo el apego a su tierra y sus tradiciones, al igual que la costumbre de dar nombres de origen inglés a sus hijos y nietos. Esta costumbre incluso la mantienen muchos de sus descendientes. En la tradición oral de las comunidades se preservan muchas anécdotas y relatos relacionados con los jamaicanos, fundamentalmente en la región histórica de Baracoa, la que tuvo su primer movimiento migratorio antillano como consecuencia de la Revolución Haitiana.

Allí se encuentran y mantienen vivos de manera singular los platos elaborados con el coco, el mapén o guapén, y la fruta del pan, parte de una costumbre muy común en las casas de los inmigrantes jamaicanos de compartir el desayuno: mapén asado o la fruta de pan hervida, acompañada siempre de un vaso de leche de cabra con café. Aislada del poder político y económico durante muchas épocas, Baracoa fue convirtiéndose en un territorio de muchas leyendas, como aquella de cuando los jamaicanos estaban en las colonias de banano. Al llegar el medio día, almorzaban con mapén asado relleno, mientras los demás obreros les decían: "Ahora Guapeen". Fue esto lo que originó que hoy en la región histórica de Baracoa a esta fruta se le conozca con ese nombre.

En los cultivos prevalece de forma particular el llamado árbol Bread Fruit (Fruta de Pan), mapén o guapén: alimento muy codiciado y que se encuentra en cada una de las viviendas que fueron habitadas por jamaicanos. Este árbol se ha expandido por varias regiones cubanas muy especialmente en Moa, donde se ha encontrado en los suelos minerales, la tierra más conveniente para su cultivo, con hasta tres cosechas anuales y variados usos. Del mismo fruto, cultivaban diversas frutas tropicales, además del ñame, el guineo Johnson, y el *ackee* (llamado también seso vegetal), sabrosos acompañamientos de carnes y pescados.

De la misma forma, fue muy destacada la fabricación de vinos (sorrel). Aún se mantiene la crianza de animales para el consumo familiar, entre los que cabría destacar al pavo doméstico y la cabra.

Es en el tema de la cultura culinaria en el que más han profundizado los estudiosos de la migración anglocaribeña. A partir de la década de los ochenta, con la nueva política cultural establecida para contribuir al rescate y revitalización de la cultura autóctona y comunitaria se restauran infinidad de tradiciones, especialmente a partir de la cocina tradicional. Aparecen diversos espacios que permiten dicho restablecimiento como los Festivales del Guapén o del coco celebrado en las comunidades de Baracoa. Además, desde el propio inicio de la Revolución se evidencian en las festividades comunitarias exposiciones de la cultura antillana, teniendo como máximo exponente el Festival del Caribe en la ciudad de Santiago de Cuba desde 1982.

Batista Estupiñán y Paz González, en su investigación: *Influencia cultural de la inmigración jamaicana en la localidad de Guatemala* (2011), realizan un análisis detallado de la cultura culinaria, la medicina popular, la religión, ritos funerarios y literatura oral común en cada una de las comunidades donde se asentaron estos inmigrantes.

Igualmente, las investigaciones de la medicina tradicional, hoy conocida como medicina verde, aún atesoran las elaboraciones a partir de raíces, hojas, frutos y cortezas de plantas y árboles de jarabes, baños, zumos, purgantes e infusiones, muy utilizadas en la cura de diferentes enfermedades y afecciones. Dado que la gran mayoría de las primeras inmigrantes jamaicanas laboraron como empleadas domésticas en las casas de los estadounidenses o familias adineradas, sus casas se convirtieron en un verdadero rito a la hora de la cena, colocándose un mantel blanco con todos los utensilios posibles, después de una elaboración exquisita de los alimentos, y por supuesto caracterizado por una rigurosidad suprema.

ALGUNAS INSTITUCIONES

Banes: Jamaica Club, Liberty Hall, dos escuelas, campo de criquet, varias organizaciones benéficas, dos iglesias de las cuales aún se conserva la llamada Monte Sinaí, donde la Pastora Felicita Oakley tuvo un papel muy relevante representando a las autoridades eclesiásticas cubanas en importantes eventos internacionales. De hecho, para la llegada a Cuba del Reverendo Lucios Walker, con su ayuda humanitaria de Pastores por la Paz, fue ella la encargada de realizar las comunicaciones con autoridades cubanas.

Tacajó: British West Indian Welfare Center, Young People Department, logias como la Gran Orden Odd Fellows; el Colegio de Richard Jones, Miss Cook y Miss Beliz que se encargaban de la instrucción dentro del Colegio Inglés. Se le suman la Iglesia metodista Emanuel, Iglesia Espíritu Santo, Logia masónica, Asociación Esperanza de la Fraternidad, Sociedad de Color Juventud Renaciente, la Sociedad de instrucción y recreo, organización surgida para contribuir a la instrucción y cultura de los jóvenes.

Preston (Guatemala): Liga de Jóvenes Metodistas, Asociación Cristiana de Hombres, Sociedad Femenina de Servicios Cristianos, Preston Sport Club, Iglesia Metodista Impulsora y Creadora de la Escuela Agrícola e Industrial de Playa Manteca, aspirante a preparar técnicamente a sus educandos en temas de Agricultura, Industrias, Economía Doméstica, Zootecnia, entre otras profesiones.

Tánamo, Cayo Mambí (Frank País): Escuela del Teacher, Iglesia metodista, clubes y asociaciones benéficas.

Guaro: Iglesia Metodista, fiesta del Mag-Pall.

Moa: Club de los madereros, escuelas, campos de béisbol, escuelas-fonda, movimientos de aprendiz de la mecánica.

Estas instituciones y organizaciones constituyeron una base sólida para protegerse de la marginación a la que eran sometidos los inmigrantes, y además concebidas para crear un modelo de conducta social y para la conservación de su identidad cultural.

CONCLUSIONES

Diversos elementos de índole económica y social permitieron la migración jamaicana a Cuba, la cual tuvo sus inicios en la instauración de la industria azucarera por parte de las grandes compañías norteamericanas. A su vez, estos hechos dieron lugar a un proceso de transculturación que ha incidido de manera notable dentro del gran ajiaco que se constituye en lo que se ha dado a llamar la cubanía, a pesar de las duras condiciones para los antillanos, así como para todos los que tuvieron que enfrentar este fenómeno sociodemográfico y cultural de la historia cubana.

A esto apunta el discurso de Fidel Castro Ruz en la inauguración de la fábrica de Combinadas Cañeras KTP-1 en Holguín, el 27 de julio de 1977, cuando expresó:

> Y la caña de azúcar fue el origen de la esclavitud, porque la esclavitud surgió en nuestro país o, sobre todo, cobró auge en nuestro país con el desarrollo de la industria azucarera. Después, a raíz del desarrollo azucarero de principios de este siglo, se produjo la inmigración; inmigración de haitianos, jamaicanos y de otras islas del Caribe, que era una especie de esclavitud disfrazada. En los años anteriores al triunfo de la Revolución, el desempleo y el hambre eran los que suministraban macheteros para las zafras. (Fidel Castro 1977)

Así, a pesar de su sufrimiento, los antillanos lograron establecer un nuevo estatus de vida en Cuba, contribuyendo de manera muy en especial en las diversas comunidades a la economía y cultura de estos territorios, por lo que no es posible pensar en esta cultura y en estas comunidades como cerradas o semi-cerradas.

Muy importante, además, fue el papel de la migración interna antillana que se va a producir a partir de los años 30, desde los lugares alrededor de la bahía de Nipe hacia diversas partes especialmente hacia Guantánamo, transmitiendo el nuevo estilo de vida adquirido a otros lugares para expandir la cultura antillana.

El legado de esta inmigración está muy latente en cada uno de los diversos aspectos de la sociedad, al proceso de la conformación de la identidad cubana, todo esto, por ende, condicionado por su aporte al legado sociocultural, evidenciado en la cultura culinaria, la medicina tradicional, el sincretismo religioso, la música, historia de las localidades, entre otras manifestaciones.

NOTAS

1. La tea incenciaria fue una estrategia de guerra utilizada por el ejército independentista cubano para debilitar la agricultura y la base económica de la isla durante la guerra y perjudicar el aprovisionamiento del ejército español. A su vez, la Reconcentración de Wayler consistió en tácticas y políticas de aislamiento para debilitar al levantamiento independentista de 1895.
2. Lorenzo Down Baker, Dueño de la compañía naviera La Flota Blanca que controlaba el comercio desde Sudamérica y el Caribe hacia las costas de USA.

LISTA DE REFERENCIAS

Batista Estupiñán, Yenia, y Alexander Paz González. 2011. "Influencia cultural de la inmigración jamaicana en la localidad de Guatemala". *Contribuciones a las Ciencias Sociales*, no. 13 (julio): 1–10. http://www.eumed.net/rev/cccss/13 /bepg.htm.

Castro Ruz, Fidel. 1977. "Discurso pronunciado por Fidel Castro Ruz, presidente de la república de Cuba, en el acto de inauguración de la fábrica de combinadas cañeras KTP-1 '60 aniversario de la revolución de octubre". 27 de julio, 1977. http://www.cuba.cu/gobierno/discursos/1977/esp/f270777e.html.

García Suárez, Andrés. 2017 "Reconcentración de Weyler, holocausto cubano". *5 de septiembre* (Diario digital de Cienfuegos), 23 de octubre, 2017. http:// www.5septiembre.cu/reconcentracion-de-weyler-holocausto-cubano/

Pérez Nakao, Yurisay. 2012. "*Jamaica Club*: sociedad de instrucción y recreo de los inmigrantes jamaicanos en Banes." *EFDeportes.com, revista digital* 17, no.

173 (octubre). http://www.efdeportes.com/efd173/jamaica-club-sociedad-de
-instruccion-y-recreo-en-banes.htm.
Rivero Marín, Yoel. 2011. "La Reconcentración de Weyler en Sagua la Grande".
Contribuciones a las Ciencias Sociales, no. 13 (julio). http://www.eumed.net
/rev/cccss/13/yrm5.html.

ENTREVISTAS

Abel Tarragó López, Historiador de Banes.
MSc. Yurizay Pérez Nakao, Historiadora de Banes
Lic. William Edwards y Robert Oackley, hermanos, Descendientes deBanes
Charles Caín Williams, Descendiente de Tacajó
Lic. Maribel Serrano Martínez, Profesora de Historia de Tacajó
Rosaura Marrero Zaldívar, delegada de Tacajó
MSc. María Elvira Álvarez Garrido, profesora de español de Tacajó
Abraham Elixander Williams Grandison y su esposa Ilda Mercedes Smith Bryan,
    además Pastores de iglesia metodista de Guatemala
MSc. Milgaris Murray Legra, descendiente de Frank País
David Irons Pérez, descendiente de Frank País
Mercedes y Ana Christie, descendiente de Moa
Mirell América y Gilberto Ritchie Gamboa, descendiente de Cayogüín, Baracoa
Dr. C. Juan Manuel Montero, profesor titular del ISMMM.

Principales asentamientos jamaicanos en Holguín

ANEXO 4.1. CENTRALES AZUCAREROS DE LA PROVINCIA DE HOLGUÍN

Nombre del central	Nombre actual	Municipio	Capital inicio	Produce
602-Alto Cedro (1917)	Loyanz Hechevarría	Cueto	Andrés Duany	azúcar
604-Báguano (1917–1920)	López Pena	Báguano	Hacendados Cubanos	azúcar
607-Boston (1899–1900)	Nicaragua	Banes	United Fruit Company	desarmado
608-Cacocum (1910)	Cristino Naranjo	Cacocum	Hacendados cubanos	azúcar
621-Maceo (1922)	Antonio Maceo	Cacocum	Hacendados cubanos	desarmado
626-Preston (1906)	Guatemala	Mayarí	United Fruit Company	desarmado
631-San Germán (1919)	Urbano Noris	Urbano Noris	Compañía Azucarera Canarias	azúcar
635-Santa Lucía (1857)	Rafael Freyre	Rafael Freyre	Hacendados cubanos	museo
639-Tacajo (1916–1917)	Fernando de Dic	Báguano	Hacendados cubanos	azúcar
3510-Tánamo (1920)	Frank País	Frank País	Ingleses de Jamaica (Atlantic Fruit & Sugar Company)	desarmado

5.

El pueblo de Costa Rica

Inmigración, identidad y memoria histórica

VIVIAN LACHEY BOLOY | ALBERTO BIGGERSTAFF FRANCIS |
LUIS BENNETT ROBINSON | MIRALVIS HERNÁNDEZ NOGUERA

Costa Rica, Antiguo Central Ermita, es un poblado rural que pertenece al municipio de El Salvador y que está ubicado en la zona más oriental de Cuba, Guantánamo, forma parte del objeto de nuestra investigación. La conformación social de Costa Rica le debe mucho a un sistema de plantación e industrialización de la caña de azúcar que a principios de 1900 atrajo inmigrantes de diferentes lugares, incluyendo las Antillas anglófonas. Según algunos periódicos de la época, estos inmigrantes desembarcaban en las costas de Santiago de Cuba de forma ilegal y fortuita, y posteriormente continuaban su viaje por vía férrea y de forma masiva buscando nuevas formas de vida. Anglófonos y francófonos se dirigieron a Costa Rica y sus colonias, algunos con sus familias y otros solos, todos movidos por un interés económico.

Otras razones derivadas de la inmigración tenían que ver con que algunos venían evadiendo el reclutamiento militar para la guerra por sus colonizadores, mientras que otros huían de la ley por razones personales. Las ansias de regresar a su país de origen les hacía abaratar su trabajo, y los dueños del central azucarero se aprovecharon de estas circunstancias, ubicándolos en puestos de trabajos organizados y directamente en el manejo de los equipos. Poseían además todos los requisitos para ejercer este tipo de trabajo, ya que muchos venían recomendados por sus anteriores empleadores en Panamá y dominaban el trabajo industrializado. Asimismo, esta mano de obra se caracterizaba por no poder hacer reclamaciones ni crear conflictos, por temor a ser repatriados. Eran confiables y serios en el trabajo, sabían leer y escribir, y poseían una cultura elevada, casi al nivel de los dueños de negocios y centrales.

Según nuestras fuentes, a pesar de su muy baja paga, esta daba para alquilar una casa y poder vivir en familia. A los inmigrantes en la zona se les dividió en dos grupos: trabajadores industrializados y trabajadores agrícolas. Por norma general, los inmigrantes anglófonos pertenecían al primer grupo, y los inmigrantes francófonos al segundo. Al contrario que su contraparte anglófona, la mayoría de los inmigrantes francófonos habían sido esclavos, y los que entraron de forma masiva no poseían ninguna otra experiencia profesional más allá del trabajo de plantación, siembra y recogida de la caña. Guiados por inmigrantes anglófonos, penetraron en la isla al igual que la inmigración India, que en menor medida también trabajó en las labores del central de forma asalariada.

Costa Rica y sus colonias se poblaron de inmigrantes anglófonos que de forma progresiva conformaron su estrato social. Ojo de agua, Belona, Corralillo, Egipto, Santa Rita, el Cuatro y Medio, y la Dora fueron zonas marcadas por la inmigración, sin dejar de reconocer el barrio del Congrí que se ubicaba entre Sierra Canasta y el nuevo batey. El batey era la zona recirculada alrededor del central y la propiedad junto al inmueble de los dueños del central, al cual entraban a vivir los inmigrantes anglófonos luego de ser plantilla de este, con salario fijo, con sus esposas empleadas como domésticas, lavanderas y cocineras, entre otras labores.

En nuestro censo se encontraron más de 358 inmigrantes llegados a esta zona, en especial de las islas de Jamaica y Trinidad y Tobago, que se instalaron de forma permanente o temporal, pues muchos regresaron a Jamaica y emigraron internamente dentro de la región oriental (Preston, Manatí, Santiago de Cuba). Hoy en día encontramos en la zona a sus descendientes con apellidos como: Garnelt, Darley, Goulbourne, Beresford, Willacey, Shaw, Hudson, Johnson, Franklin, Pearce, Paul, Scoth, Biggerstaff, Dawkin, Morris, Carter, Francis, Charles, Spling, Grown, Samneers, Dorosin, Danger, Miller, Kennedy, Willian, Edward, Artidós, Yons, Schoty. Entre los descendientes de los indios devenidos de la India y residentes en Jamaica, Panamá y Cuba encontramos apellidos como Sankerr, Feble y Dacosta.

Nuestro censo arrojó resultados de sumo interés, pues inmigrantes de otras latitudes como franceses, daneses, chinos, catalanes, haitianos, estadounidenses, puertorriqueños, dominicanos, árabes, brasileños, italianos también plantaron su huella. De ahí que muchos hijos de inmigrantes se mezclaran con otros inmigrantes, dando lugar a un proceso de mezcla cultural que luego daría otros aportes.

Podemos reafirmar palabras textuales de nuestro principal informante Carlos Abiagues Iribal "Costa Rica es un pueblo conformado por inmigrantes". Es importante hablar de la inmigración desde la relación movilidad-estabilidad como formadora de la identidad, ya que esta se fomentó y fortaleció por la mezcla y diversidad de las migraciones presentes en la localidad, conformando sus rasgos típicos de espacio, tiempo y relaciones sociales.

Muchos inmigrantes anglófonos entraban y salían de la región y el país, transportando su cultura nacional, europea y afroantillana. Estos modos y expresiones culturales evolucionaban constantemente y se retroalimentaban permitiéndoles estar informados de todo lo que pasaba en el mundo. Además, en Costa Rica tenían mayor nivel de información que en otras localidades, ya que según fuentes consultadas existió en la zona un pequeño aeropuerto propiedad privada de los dueños estadounidenses del central, por donde llegaba la prensa, alimento y medicina. Las domésticas en su tiempo libre leían la prensa o luego de ser leída por sus dueños la llevaban casa, convirtiéndose en portadoras de las noticias internacionales más recientes.

Ser protegido por la colonia británica y sus representantes en Cuba prestigiaba la imagen social de estos inmigrantes, lo que explica su influencia en la sociedad de la época en aspectos religiosos, culturales y culinarios. Desarrollaron múltiples oficios como el de carpintero, sastre, albañil, mecánico, conductor industrial, soldador y hasta contador. Escalando progresivamente en sus puestos dentro del central, se destacó el señor Leonard Biggerstaff Scott (Compe o Papa). Instruido y con estudios universitarios no terminados, producto del reclutamiento para la Primera Guerra Mundial, decidió partir para Cuba donde se asentó hasta el día de su fallecimiento. Biggerstaff trabajó en el central, donde ocupaba cargos de importancia. Impartió clases de inglés y de español alfabetizando a muchos de los niños y jóvenes del batey en su casa después de su jornada laboral y de forma gratuita. Otro destacado fue el Señor William Willacey Uriah, miembro del British West Indies Welfare Center. Willacey Uriah fue el representante de los antillanos anglófonos instalados en Costa Rica y sus colonias ante el viceconsulado británico en Santiago de Cuba en todo lo que tuviera que ver con asuntos jurídicos o de sanidad. Asimismo, la señora Gertrude Paul Edwar (Agustina o Mama) nunca trabajó como doméstica, pero se dedicó al cuidado y educación de los niños de las madres trabajadoras del barrio en su casa hasta culminada la jornada laboral. Se destacó en las labores culinarias, preparando platos típicos para las ceremonias matrimoniales y festejos familiares.

En el plano musical se destacó la agrupación "Los Burbos", que amenizabas ceremonias religiosas, bodas, cumpleaños y actividades festivas, preferentemente con música clásica y folclórica jamaicana, con arreglos musicales y que estaba dirigida por Williams Goulbourne Beresford (Jamaica). En el plano religioso, en la comunidad de Costa Rica, no sobresale la cultura anglófona como una fortaleza social. Los cultos, cánticos y ceremonias se celebraban en las casas, pues no poseían iglesias ni representantes religiosos. Su práctica religiosa se dirigía al Adventismo. En la actualidad también se reconocen algunas prácticas de cultos mágico-religiosos que guardan relación con el espiritismo y que muchos aseguran fueron traídas por los inmigrantes antillanos, como herencia de su cultura africana.

En las colonias el proceso de socialización influyó en los patrones de conducta de muchos inmigrantes anglófonos. Casos referenciales son algunos elementos culturales que guardan relación entre sí y con culturas típicas del Caribe. Este es el caso del foco cultural en Belona "Los Güiros", donde haitianos y anglófonos bailaban el reciñe y el tejido de la cinta.

En resumen, estos inmigrantes transportaron su patrimonio y dejaron su legado, a pesar de la discriminación que sufrieron como extranjeros. Mantuvieron siempre su identidad nacional, según el informante Carlos Abiagues Iribal. Mantuvieron siempre el orgullo anglosajón que les identificaba por encima de otros inmigrantes. Sobresalían por sus valores éticos y su gran interés por dotar a sus hijos de una educación sólida, para que a su llegada a Jamaica tuvieran el dominio de las dos lenguas, sin perder su sentido de identidad nacional. Además, sus descendientes nacidos en Cuba respaldaron y supieron dar continuidad al legado cultural y patrimonial que heredaron.

Entre la primera generación de antillanos anglófonos nacidos en Cuba aparece la práctica del béisbol como deporte de entretenimiento y se crea el equipo "Ermita", integrado en su gran mayoría por descendientes anglófonos. Este equipo se enfrentó a contrapartes internacionales e incluso tuvo la oportunidad de jugar ante jugadores norteamericanos. Las féminas integraron el equipo de fútbol femenino de Costa Rica. La agrupación "Los Burbos" se encargó de transmitir sus conocimientos en cuanto a la música y el canto. Las posteriores generaciones llevaron de la mano su profesión y sus inquietudes artísticas, de donde nace la nueva agrupación "Los Burbornes", conformada por hijos y nietos. En la actualidad existen músicos de profesión y aficionados. Asimismo, surgió una stealband para alegrar el batey, en la que los instrumentos base eran sartenes y cazuelas bajo la dirección de Alberto Biggerstaff Sr. (viejo). El señor Pastor Goulbourne era el jefe del batey, conocedor de leyes y decretos que protegían al trabajador azucarero, líder sindical y fiel defensor de su cultura.

El antillano anglófono formó así parte de la historia política de esta zona rural. El haber nacido en Cuba hizo que esta segunda generación sintiera por esta tierra lo mismo que sus padres por su país de origen. Sufrieron la pobreza en su propia piel, y el sentido de identidad nacional hizo que se unieran a la lucha revolucionaria.

En Ermita se accionó fuertemente un grupo de jóvenes miembros del movimiento revolucionario 26 de julio, al frente de Julio Camacho Aguilera, donde dos de sus miembros más activos fueron descendiente de jamaicanos. José (Pepe) Pearce Durrucin fue jefe de célula, y Rey Morris Carter estuvo encarcelado en el presidio modelo de Isla de Pinos (actual Isla de la Juventud) desde el año 1956 hasta 1959 cuando triunfa la Revolución. Hubo otros miembros menos activos dentro del pueblo de Ermita, que apoyaron en todo a estos jóvenes osados.

El antillano, a pesar de sus ansias de volver a su lugar de origen, llegó a percibir sus sueños de regreso como truncados por las condiciones existentes en todas las Antillas. La situación económica en Jamaica había empeorado y el país no se recuperaba de los embates climatológicos. La repatriación de muchos significaba la repoblación de las Antillas, y la poca posibilidad de encontrar empleo o una pequeña parcela de tierra al menos para sostener a la familia llevó a estos inmigrantes a considerar el próximo paso a dar. Era numerosa la cantidad de hijos nacidos en Cuba y no podían darse el lujo de pagar pasaje para todos. De esta manera, mantener la familia unida se convirtió en una de las razones fundamentales para asentarse definitivamente. Los propios propietarios estadounidenses buscaban considerarlos como trabajadores emplantillados por temor a que salieran a buscar trabajo y no regresaran. En ocasiones pagaban por otras labores en tiempo muerto, y así el antillano anglófono se fue aclimatando a la idea de vivir en Cuba de forma permanente.

La historia de este pueblo solo recoge los hechos históricos y políticos que precedieron la gesta revolucionaria. Nada se ha escrito de su conformación histórico-social posterior, ni de sus aportes culturales, ni del actuar o la participación del inmigrante en Costa Rica. Desafortunadamente no existe mayor acervo bibliográfico que pueda respaldar este trabajo, solo nuestros más fieles informantes y colaboradores como vecinos, amigos, hijos y nietos de inmigrantes, actores sociales y combatientes de la revolución aún vivos que con su avanzada edad pudieron testificar cada parte aquí contada. A pesar de una falta de base escrita, esta memoria trasmitida y enriquecida por parte de padres y abuelos constituye un patrimonio histórico de mucho valor. Así se nutrió esta investigación, a través del discurso oral, de la observación y participación de nuestras fuentes, las cuales nos hicieron involucrarnos y vivir y sufrir cada historia como si fuera la nuestra. La memoria histórica de este pueblo es rica en contenido industrial, agrícola, sociológico y natural propio del lugar. Cada huella de la vida del inmigrante, no solo anglófono, instalado en ella proporciona argumento suficiente para dar comienzo a una investigación inagotable.

FUENTES CONSULTADAS

Margarita María Fambernat (Magui)
Ana María Benítez Martínez (Directora del Círculo Infantil, Máster en Educación Primaria)
Cruz Morris Carter
Enna Biggestaff Paul
Bárbara Sempre Biggestaff
Ibrahim Lamber Hechevarría
Marcia María Brodie Williams (Representante de los antillanos anglófonos en Costa Rica, Licenciada en Biología)
Aracelis San Jorge Vazquez
Daniel Dawkings Kenedy
Humberto Miranda San Jorge (Negro) (Ingeniero azucarero)
Carlos Abiague Iribar (Choli) (Licenciado en Biología y Contabilidad y Finanzas)
Georgina Candó Silega (Bibliotecaria)
Cisfreido Jhonson Galán
Sixto Wallacey
Esmérido Francis Díaz
James Goulborne Tito

Yamirca Oquendo Puebla
Osvaldo Oquendo Dacosta
Eriberto Ortega Sankell
Raúl Ochoa (Presidente del Consejo)
Leonor Jhonson Martínez
Enna Brodie Goulborne
Lorena Turcaz Brodie
Maricel Pearse Ortega
María Pearse Ortega
Felipe Nava Barzaga
José Fernández (Pipo)
Zenaida Forestal
Elena Vargas Brodie
Milagros Biggestaff
Noado Sempre
Orlando Pico
Jorge Reinerio Turcaz Brodie
Daylin Turcaz Brodie
Narda Rodríguez Gómez
Jorge Hudson
Isabel Biggestaff Tito
Moraima Biggestaff Tito
Leonardo Biggestaff Tito
Humberto Walter Biggestaff
Antonio Goulborne
Omar Vega
Gertrudis Biggestaff
Wilber Biggestaff
Oscar Walter
Adriel Pico Biggestaff

6.

El triunfo revolucionario de 1959 en Cuba
Transformación del panorama de los emigrantes jamaicanos y sus familiares en la Isla

CARIDAD MARIELA SMITH DE LOS SANTOS

Este artículo comienza por destacar el papel que desempeñaron algunos jamaicanos y sus descendientes en la lucha revolucionaria para alcanzar una sociedad cubana más justa y próspera. Con el triunfo de la Revolución Cubana el 1 de enero de 1959 se producen cambios sustanciales en el orden económico, político y social, ya que se tomaron medidas para impulsar el desarrollo social, político y cultural de la nación. Se aprobaron leyes para la atención y protección de esas familias que se encontraban en una situación muy vulnerable por su condición de negros y de origen caribeño.

Aunque hoy en día hombres y mujeres de ascendencia jamaicana desempeñan un importante papel en el país, antes no era común que los extranjeros participaran en política. Motivos como la falta de dominio del idioma español, el temor a las represalias de las autoridades nacionales y la proveniencia de un orden monárquico disuadían a la migración de participar en el panorama político del país. En este escrito se aprecia cómo, a partir de los cambios generados por la Revolución en ámbitos como el militar y el deportivo, grandes personalidades de esta migración se abrieron paso en la sociedad cubana.

Por ejemplo, el comandante del Ejército Rebelde Internacionalista, Víctor Emilio Dreke Cruz, descendiente de jamaicanos, fue un destacado protagonista del movimiento revolucionario en Cuba y uno de los jefes en la lucha contra las bandas contrarrevolucionarias en la Sierra del Escambray. Dreke Cruz afirmó sentirse orgulloso de ser descendiente de Jamaica y agradeció su educación a sus abuelos, que fueron muy buenos pero muy rectos en la formación de toda su familia.

Dreke Cruz comenzó su actividad revolucionaria en las calles, levantándose contra el golpe de estado realizado por Fulgencio Batista con el apoyo de Washington en 1952. En esa fecha se unió al Movimiento Juvenil de la Federación Regional Obrera Número 3 en Sagua, donde desempeñó sus actividades como secretario estudiantil en 1954. Posteriormente, se unió al Movimiento 26 de Julio y pasó a ser jefe de una célula de acción y sabotaje en Sagua la Grande. Participó en diferentes enfrentamientos y batallas, fue herido en combate en Placetas, y al culminar la guerra ocupó el cargo de capitán del Ejército Rebelde. Tras el triunfo de la Revolución, Dreke Cruz ocupó numerosas responsabilidades como fiscal en los tribunales revolucionarios de Sagua. Desde el mes de abril hasta noviembre de 1965, fue segundo jefe, bajo el mando de Ché Guevara, de los combatientes internacionalistas en el Congo. En la actualidad es vicepresidente de la Asociación de Amistad Cuba-África y es el presidente de la Asociación de Combatientes de la Revolución Cubana en la provincia de la capital.

INFLUENCIA DE LOS JAMAICANOS EN LOS DEPORTES
TRAS LA REVOLUCIÓN CUBANA

Como derecho del pueblo, el deporte aparece entre los grandes éxitos de Cuba a partir del primero de enero de 1959, teniendo como principal protagonista al Comandante en Jefe Fidel Castro Ruz, quien se ganó el calificativo de padre del deporte o el de deportista mayor entre muchos atletas, entrenadores, federativos o glorias de las diversas disciplinas.

Antes del triunfo revolucionario, el béisbol y el atletismo eran los deportes más practicados en la isla caribeña, y la mayoría de los jugadores buscaba resolver o mejorar la difícil situación económica mediante el profesionalismo. Otras disciplinas eran de exclusivo acceso privado. El deporte no contaba con el apoyo del gobierno y solo algunos alcanzaron actuaciones destacadas en disciplinas como la esgrima (Ramón Fonst, campeón olímpico en los Juegos de París 1900 y San Luis 1904), el ajedrez (José Raúl Capablanca, titular mundial desde 1921 hasta 1927), el boxeo (Eligio Sardiñas Montalvo, más conocido como Kid Chocolate fue campeón mundial), y el béisbol (el pelotero Martín Dihigo, miembro del Salón de la Fama en Estados Unidos, México, Cuba y Venezuela).

Para poner la actividad física al servicio del pueblo se dieron importantes pasos como la eliminación del profesionalismo y la creación de entidades como la Dirección General de Deportes (14 de enero de 1959) o el Instituto Nacional de Deportes, Educación Física y Recreación (23 de febrero de 1963). Se estimuló el acceso al deporte en todas sus formas mediante la construcción de instalaciones académicas, técnicas y deportivas en todo el país. Así se crearon la Escuela Superior de Educación Física Comandante Manuel Fajardo en 1961, los Juegos Nacionales Escolares en 1963, la Industria Deportiva Nacional en 1965 y el Instituto de Medicina del Deporte en 1966.

Todo esto se reflejó en importantes resultados internacionales, principalmente en los Juegos Centroamericanos y del Caribe, los Juegos Panamericanos y los Juegos Olímpicos, así como también en copas y campeonatos mundiales, sin olvidar las destacadas actuaciones en esos certámenes de atletas con discapacidades. Aunque no todos los siguientes nombres son de origen jamaicano, no podemos dejar de mencionar algunos grandes deportistas nacionales. A glorias del deporte cubano como Teófilo Stevenson, Alberto Juantorena, Javier Sotomayor, Ana Fidelia Quirot, Mireya Luis, Omar Linares, Driulis González y Filiberto Azcuy, se suman otros más contemporáneos: Mijaín López, Idalis Ortiz, Julio Cesar La Cruz, Omara Durand y Yunidis Castillo.

Es en ese contexto que se inserta un deporte nuevo: el cricket. Leona Forted, profesora de inglés e hija de jamaicanos, resalta el carácter social del deporte en Cuba. Su padre Leonard Forted llegó a Cuba y se asentó en Guantánamo como trabajador de la base naval que ya tenían los norteamericanos desde principios de siglo. Su labor fue también la de propagar el amor por el deporte en la isla. Por ser mujer, la única hija de Leonard Forted no heredó su nombre, pero la inscriben como Leona a partir de una modificación del de su padre. Para ella, la educación recibida es lo que más destaca en la crianza que recibió en su infancia, que le inculcó valores como la responsabilidad y el respeto. Su familia estuvo siempre identificada con las luchas revolucionarias en Cuba. Es fundadora de las milicias y como profesora de inglés dio un paso al frente en la Campaña de Alfabetización.

Es gracias al fomento de Forted desde su arribo a Cuba que en Guantánamo hoy se juega cricket. Como parte de su cultura deportiva funda el Club

Deportivo de Guantánamo. Las reuniones se hacían en su casa y allí se organizaban los juegos de cricket a los que venían a jugar de otras provincias y desde Jamaica.

Según Leona, el cricket como deporte se perdió en los años 60, así como se perdió la enseñanza del inglés. Incluso las generaciones de descendientes nacidos después del triunfo revolucionario no recibieron clases de esta lengua. Leona recuerda que "en ese momento los que escuchaban a los Beatles u otra música extranjera eran sancionados y los llamaban `diversionistas´ ideológicos". Por fortuna, esto fue cambiando gracias a la rectificación de errores y muchas personas que les enseñaron a sus hijos a hablar inglés prácticamente a escondidas pudieron luego rescatar la enseñanza del idioma que era universal y estaba presente en la música. De hecho, se llegó a construir un monumento a John Lennon en un parque del Vedado. "Eso me alegra mucho y también el rescate del Cricket", comenta Forted. Según la entrevista, Leonard Forted aportó mucho a la cultura deportiva cubana, al abogar por que la educación de los jugadores se manifestara dentro y fuera del terreno, en la familia, por ejemplo. Leona menciona que

> se exigía que los jugadores de cricket fueran buenas personas, honradas, correctas, buenos hijos, y buenos padres. Al nombrar al criket "Juego de Caballeros", se buscaba promover valores en la formación de las nuevas generaciones, pues para practicar este deporte los niños y jóvenes se formaban en estos valores y cumplían las reglas. El cricket es un juego de socialización porque integra y estimula a la familia y a toda la sociedad a que participen. Así, según la entrevistada, el rescate de esta tradición comenzó en 1997 para honrar a su padre Leonard Forted y a los jamaicanos que trajeron ese deporte a Cuba. (Entrevista personal a Leona Forted, 7 de septiembre de 2017)

El cricket está llamado a ser un factor determinante en la integración del Caribe, por ser una disciplina que dejó de ser elitista para convertirse en un deporte popular y un evento cultural en Cuba. Esta disciplina tiene un programa admitido por el Comité Olímpico a partir del 2007 y en la actualidad se está estudiando su inclusión en los Juegos Panamericanos.

Leona Forted es profesora y ha promovido esta disciplina deportiva desde 1997. Además, es asesora del INDER para esta modalidad, y a ella se debe el rescate de este deporte a nivel nacional impulsado por el afán de jamaicanos y descendientes que lo han practicado en diferentes provincias de Cuba.

Incluso en el municipio de Baraguá, en la provincia de Ciego de Ávila se mantiene vivo desde los años 20 y fue declarado patrimonio de la localidad. Sin embargo, la herencia deportiva a través del cricket no se ha extendido a las zonas occidentales. Forted considera que el deporte debe promoverse a nivel nacional para que se extienda igual que otras prácticas culturales:

> Hoy también se practica la religión como lo hicieron nuestros ancestros, el uso del idioma español e inglés y la forma de vestir dentro de la iglesia, los horarios para asistir y los horarios de misa, aunque antes había que ir a la iglesia antes de ir al baile, incluso en la actualidad cuando se celebran las fechas de independencia de cada nación caribeña, la jornada comienza con una misa en inglés y después en español. (Entrevista personal a Leona Forted, 7 de septiembre de 2017)

Después de situar la práctica del deporte y su integración en la cultura nacional cubana, entramos a caracterizar a algunos de los deportistas que con sus actuaciones mejor representaron la cultura jamaicana. Una gloria del deporte cubano descendiente de jamaicanos manifestó sentirse agradecido con la Revolución Cubana al poder ser un hombre feliz por convertir sus sueños en realidad. Edwin Walters, uno de los grandes peloteros de las primeras series nacionales cubanas de béisbol e hijo de jamaicanos que llegaron a principio de siglo XX, recuerda que tuvieron que salir de Camagüey huyendo de la repatriación forzosa. Esto dice a sus 83 años:

> [. . .] como fugitivos salimos primero mis dos hermanos y yo solo con la ropa que llevábamos puesta como si fuéramos a pasear y al llegar al ferrocarril nos esperaba una tía de mi mamá que vivía en Matanzas: nos montó en el tren, dos días después vino mi papá y por último llegó mamá a Matanza donde vivimos hasta que murieron al igual que mis hermanos y así lo haré yo también. (Entrevista personal a Edwin Walters, 15 de enero de 2016)

Este pionero del béisbol cubano se desempeñó durante varios años en la Liga de Pedro Betancourt, en la que conquistó la triple corona de bateo en la temporada de 1958. Dedicó sus excelentes resultados a este torneo, y aunque los Piratas de Pittsburgh querían contratarlo él rechazó la oferta. Una vez desintegrada esta liga, se integró a la Liga de Quivicán con el equipo de la Rayonitro, que ganó el campeonato. Participó en la primera Serie Nacional con Occidentales que fue el equipo campeón en 1962. Walters resultó ser el primer líder de bateo de las Series Nacionales al compilar 367 *hits* (79–29). Por sus resultados en esa campaña participó con el equipo Cuba en los Juegos Centroamericanos y del Caribe de Kingston. Dos años después, en 1964, quedó nuevamente entre los mejores bateadores del país, y en 1966 terminó como campeón en jonrones (7) en la VI Serie Nacional. Integró el mítico Henequeneros de los Tres Mosqueteros. Se retiró del béisbol en 1971.

Otro importante beisbolista hijo de jamaicanos fue el lanzador derecho Alfredo Street. Nació el 5 de diciembre de 1932 en Guantánamo y se destacó en las dos etapas clásicas del amateurismo cubano. En 1947, con solo quince años, integró el equipo Cristal de Guantánamo y causó sensación. En ese torneo, que se efectuó en el Guaso, terminó con balance de 6–0. Después jugó con otros planteles: Portuarios, AKB y Ford, siempre como principal figura del *box*. En 1956 entrenó con los Cuban Sugar Kings, pero no fue contratado como profesional.

En la Liga Nacional Amateur adscrita a la Unión Atlética de Amateurs de Cuba soportó el racismo, pero a partir del triunfo revolucionario se lanzó como estrella del Teléfonos en 1960, donde también se desempeñaron negros como Ricardo Lazo, Cachirulo Díaz y otros. Allí terminó como líder de picheo (12–1), con una efectividad de 1,98, y llegó a conducir a su equipo al título en la despedida de esas competiciones. En la jurisdicción de Guantánamo jugó con equipos de la Cerveza Cristal y los Portuarios, y su traslado a La Habana le posibilitó integrar los Telefónicos, en una especie de derrumbe de la barrera racial en la UAAC, lo cual le valió la inclusión en el equipo nacional. Fue el primer descendiente de inmigrantes anglocaribeños en integrar y actuar en una Selección Nacional (en 1941 lo hizo Chiflán Clark, pero no actuó por enfermedad). Es así como en una sola persona quedan resumidas las facetas del hombre rural, descendiente de caribeño y negro, antiguamente discriminado, luego asimilado y finalmente empoderado por el nuevo sistema socialista.

En el Mundial de Costa Rica 1961, fue clave para el título de los caribeños, al cerrar con 3–0 y el tercer mejor promedio de carreras limpias (1,15). Allí, el 10 de abril le ganó a Antillas Holandesas; el 15 en la fase final (12 x 3) a Panamá; así como el 21 (9 x 3) a Venezuela. También participó en los Juegos Panamericanos de Winnipeg 1967, donde Cuba obtuvo la medalla de plata y en los Centroamericanos y del Caribe de San Juan, Puerto Rico 1966, recordado por el "Cerro Pelado", donde la Isla se coronó.

Estuvo entre los lanzadores más destacados en las primeras ediciones de las Series Nacionales, a partir de 1962, con equipos de la capital. En ocho torneos lanzó en 120 desafíos, de ellos inició 78 y completó 26, ganó 33 y perdió 26. Tras su retiro, trabajó como entrenador. Alfredo Street, vinculado desde sus cimientos al proceso revolucionario que se inició en 1959, se acerca a las Peñas Deportivas como un patriarca, que resume toda una época. Es así que con esta semblanza de la participación de descendientes jamaicanos establecemos una revisión del entrelazamiento, en el campo deportivo y militar (entre otros), del proceso migratorio y el devenir revolucionario que coinciden en Cuba durante la segunda mitad del siglo XX.

Ponencia realizada con documentación de Marino Martínez, Villaverde Blanco, Severo Nieto, Juan A. Martínez de Osaba, Ramón Carneado, Yasel Porto, Adonhay Villaverde, Jorge Alfonso y Armando Hernández, Guías del Béisbol de las Series Nacionales y otras fuentes.

7.

La ruta de Marcus Garvey en Cuba

OSSAIN CÉSAR MARTÍNEZ MORENO

La piel negra no es una insignia de vergüenza, sino más bien un símbolo glorioso de la grandeza nacional.
—Marcus Garvey

ANTECEDENTES

El fenómeno demográfico más notable de Cuba surgió durante la primera década del siglo XX. Consistió en un movimiento inmigratorio que se extendió hasta principios de la década del 30. Este movimiento migratorio fue resultado del crecimiento de la industria azucarera impulsada por las masivas inversiones de capital norteamericano que disparó la demanda de fuerza de trabajo de bajo costo. La guerra de independencia contra la colonia española había desplazado la población hacia las afueras del país. A este grupo se unieron migrantes que aceptaban salarios más bajos que los que se ofrecían a los cubanos. De esta manera, ambas poblaciones habitaron los lugares y zonas semi-despobladas donde posteriormente se ubicaron muchos de los ingenios azucareros construidos por la renaciente industria en manos de los consorcios estadounidenses.

Cuando la United Fruit Company comenzó el desarrollo de la plantación azucarera en 1899, enfrentó una escasez de fuerza de trabajo que se agudizó entre 1900 y 1901. Tanto la fuerte demanda de personal para la construcción del central como el amplio plan de construcción de vías férreas determinaron una oleada de inmigración antillana. La cercanía geográfica de estos países a Cuba hizo que estos grupos fueran mayoritarios entre las comunidades inmigrantes. Factores como el costo y la duración del viaje permitían con relativa facilidad la llegada de antillanos en busca de mejores oportunidades laborales. El primer grupo de jamaicanos arribó a Banes en 1900. Estas personas se vincularon a trabajos de construcción de las vías férreas.

Los gobiernos republicanos de turno aprobaron leyes de inmigración que propiciaron la entrada a Cuba de alrededor de un millón de extranjeros, lo que favoreció fundamentalmente a los españoles, pues lo que estos gobiernos perseguían era el "blanqueamiento" de la población cubana. De hecho, las autoridades de ocupación estadounidense en alianza con la elite criolla buscaron restringir la entrada de extranjeros a la isla a través de la Orden Militar del 15 de mayo de 1902. La reglamentación prohibía la entrada de haitianos, jamaicanos y chinos. En 1906 se aprobó una ley que destinaba fondos para atraer familias europeas a Cuba, con vistas a fomentar la agricultura. Entretanto, miles de negros, muchos de ellos veteranos de la guerra de independencia, no tenían tierra ni medios de sobrevivencia.

No obstante, debido a la necesidad de fuerza de trabajo en la industria azucarera cubana, la inmigración fue absolutamente necesaria para al desarrollo de la industria de la época. Entre estos inmigrantes, el 25 % eran antillanos, principalmente jamaicanos (se denominaban jamaicanos a todos aquellos que llegaron de las diferentes islas del Caribe anglófono). Con un crecimiento anual promedio de 2,9 % entre 1899 y 1931, esta población se duplicó, alcanzando el tope de crecimiento entre 1899 y 1907 con una tasa de 3, 34 % (Alvárez Estévez 1988).

A partir de 1905 la situación laboral empeoró para la United Fruit Company. Fue necesario continuar importando mano de obra. La antillana era barata, altamente productiva y de fácil manejo. Además, la contratación del bracero no entrañaba un vínculo estable, pues podían ser enviados de vuelta a su país de origen (Baptiste 2001). Este contingente de trabajadores estaba formado en su mayoría por hombres en edades entre 15 y 45 años. Venían en busca de oportunidades, con la esperanza de regresar luego a sus países de origen después de ganar algún dinero.

Los antillanos se concentraron alrededor de las plantaciones azucareras, principalmente en las de Oriente y Camagüey, afectados de forma negativa por la discriminación racial y el desconocimiento del idioma español. Esta entrada masiva de extranjeros provocó una fuerte conmoción social y cultural. Aunque sus raíces tenían mucho en común con las cubanas, también existían grandes diferencias socioculturales. A través de los movimientos migratorios antillanos llegan a Cuba cultos religiosos como el Vudú haitiano o el protestantismo de los jamaicanos, y manifestaciones culturales como la música y la danza.

Es en este contexto de expansión imperialista y de precariedad para la población negra que emerge el jamaicano Marcus Garvey como símbolo de la lucha por los derechos de los negros caribeños. En 1914 fundó la Asociación Universal para el Adelanto del Negro (UNIA). Otras divisiones de esta organización fueron constituidas posteriormente en unos 40 países. De hecho, Cuba fue uno de los países con mayor membresía, solo superado por Estados Unidos, y llegó a contar con 26 sucursales de la UNIA, cada una con un gran número de divisiones.

VÍNCULOS

Los reportes anuales de la United Fruit Company muestran que de los 499 antillanos que establecieron residencia permanente en Banes 402 eran jamaicanos. Así fundaron el barrio Antillano, comúnmente conocido como el barrio de La Güira (James Figarola 1976). Este se encontraba ubicado en las inmediaciones de la ciudad, separado del barrio americano por el patio del sistema ferroviario de la plantación.

En Banes la importancia de las instituciones con las que contaron los jamaicanos fue evidente, y el aislamiento en el barrio La Güira contribuyó a agrupar a los nativos y sus descendientes. Por ello, Banes constituyó un sitio obligado para la visita de Marcus Garvey a Cuba. La UNIA representaba a la clase obrera, al campesinado y a todos los sectores de la población que desearan integrarla, y logró un espacio importante entre los braceros anglocaribeños. En su recorrido, Garvey llegó a Morón, Camagüey, Nuevitas, Banes y finalmente a Santiago de Cuba. Estas visitas sirvieron para que los asociados de Banes conocieran más sobre los objetivos de la organización. A su encuentro asistieron inmigrantes de otras comunidades jamaicanas, fundamentalmente de Preston.

Los miembros de esta organización en Banes pudieron contar con una sede para sus actividades: el Liberty Hall, en la calle 4ta. Allí se realizaban tertulias, lecturas de documentos, conmemoraciones de fechas históricas para los jamaicanos y algunas actividades en las que recaudaban fondos para la organización. Después de la visita de Garvey, muchos jamaicanos que contactaron con él transmitieron su mensaje de retorno a África. En Cuba la mayor parte de su membresía estaba compuesta por jamaicanos que se consideraban seguidores de los ideales garveyistas. En La Habana, Santa Clara, Camagüey y Oriente, lugares donde moraban inmigrantes antillanos anglófonos, fueron fundadas varias divisiones (Fernández-Robaina 2009, 64).

El oriente cubano se había convertido así en cuna de descendientes y de una migración anglocaribeña fuerte. En 1920 ya se había creado la primera asociación de la UNIA. Ese mismo año, se había producido la Declaración de los derechos de los pueblos negros del mundo. Más tarde, las filiales se extendieron a casi una treintena en la zona. El de Garvey fue un viaje de proselitismo, de búsqueda de financiamiento para su compañía naviera, en cuya flota uno de los barcos llevaba el nombre del prócer cubano Antonio Maceo. Al tiempo, Garvey buscaba ganar adeptos anglocaribeños y cubanos en su idea de fundar el Estado Libre Africano de Liberia.

Sin embargo, a pesar de ser la época de auge de la UNIA, la mayoría de los jamaicanos que residían en Banes y en otras partes de Oriente y Camagüey no se interesaron por el retorno ni a África ni a su tierra natal. Mucho tuvo que ver con esto el hecho de que ya la mayoría habían constituido familias en Cuba. También consideraron que habían accedido en esta isla a mejores condiciones de vida a pesar de la explotación y discriminación que sufrían, por lo que solo exigían ser respetados como seres humanos.

Cuando se produjo el declive de la UNIA, la División de Banes no desapareció. Fue la única de todo el país que perduró hasta después del triunfo de la Revolución. Esta organización ayudó a sus miembros a sobrevivir y sobreponerse a las dificultades que atravesaban en una sociedad capitalista que los despreciaba. Enseñó a las generaciones de descendientes a amar su color de piel y los educó en el orgullo por su cultura y autoestima.

EL MOVIMIENTO CUBANO

El primer viaje de Garvey al país tuvo su entrada en Santiago de Cuba, donde alcanzó mayor repercusión de la que posteriormente tuvo en la Habana. No obstante, el panafricanismo garveyista se hizo presente a lo largo de todo el territorio (Furé Davies 2013).

En este viaje no sólo tenía interés en reclutar jamaicanos y otros caribeños que trabajaban y vivían en Cuba. Garvey también deseaba entusiasmar y cautivar a los afrocubanos, cuya historia de luchas patrióticas y anticolonialistas conocía y vinculaba con la reivindicación social de su tiempo.

La prensa habanera de la época, específicamente *El Heraldo de Cuba* se ocupó de darle cobertura a la visita de Garvey, y particularmente de resaltar su discurso del 1 de marzo de 1921 en el Parque Santos y Artigas donde se reunieron alrededor de 500 migrantes de origen jamaicano, estadounidense y británico. Además de elogiar la elocuencia de su retórica, dicho diario señaló las ideas esenciales proferidas por el ilustre visitante: "la completa liberación de la raza negra en todo el mundo y la constitución de un poderoso estado negro en el África" (Lewis 1988, 37).

Además, el diario Heraldo de Cuba expuso los tres objetivos básicos del programa garveyista, que fueron:

> La independencia económica;
> El mejoramiento social;
> El reconocimiento de la personalidad política para la raza negra.
> (Martínez 2007, 140)

En este viaje, Garvey fue recibido por Mario García Menocal, Presidente de la República. Aunque fue reconocido como un embajador de su raza, en realidad la agenda del presidente respondía más a intereses relacionados con la compañía naviera que había fundado Garvey en beneficio de la UNIA. El mandatario tenía la vista puesta en el uso que pudiera hacer de los barcos para el transporte del azúcar producido en Cuba.

Igualmente, en La Habana Garvey fue agasajado en el Club Lincoln, en la Unión Fraternal y en el Club Atenas. Pese a tales muestras de respeto y cordialidad y a que los afrocubanos admiraban la labor de Garvey y la fuerza de sus ideas anti-racistas, la elite de la población negra autóctona discrepaba de su doctrina por considerarse a sí mismos primeramente cubanos antes que negros. Es importante notar que en esa época el negro cubano se encontraba en plena lucha por adquirir un espacio en la sociedad cubana:

> La mayoría de los afrocubanos sobre todo aquellos que habían logrado adquirir un estatus de clase media en medio de la tragedia racial cubana, [tuvieron como objetivo central] conquistar su igualdad ciudadana a través de la lucha por una verdadera democracia participativa, y por esa razón el concepto de retorno a África

que esgrimía el gran líder anglocaribeño, les resultaba difícil de comprender en su verdadera y estratégica magnitud. (Martínez 2007, 140–141)

Por otro lado, la población inmigrante jamaicana se identificó fuertemente con el discurso de Garvey debido a la realidad que este grupo vivía en Cuba, pues eran objeto del rechazo de la clase obrera cubana integrada por blancos y negros. De fondo, el verdadero problema de la elite racista cubana se relacionaba más con las migraciones que con las condiciones salariales de los antillanos, como falsamente sostenían los periódicos más prestantes de la época como *La Marina, El Mundo* y *El Heraldo de Cuba* (Ross 2004, 187–197).

Con su visita, Garvey tendió un puente entre Cuba y una de las versiones del Panafricanismo, en aras de mostrar el vínculo entre la comunidad negra nacional y el ideario garveyista.

De regreso a Estados Unidos, Garvey continuó con su labor proselitista. Durante su viaje tuvo un encuentro en el Club Aponte, donde recaudó cuatro mil pesos y estableció sus primeros contactos con el Partido Independiente de Color a través de la figura de la Señorita Benton, cuarta presidenta de la Asociación central.

Más tarde el recrudecimiento del gobierno cubano contra Garvey llegó al extremo de impedir sus visitas a la Isla, además de censurar la circulación del periódico de la Asociación con el fin de debilitar y luego aniquilar la organización. Lo cierto es que la influencia garveyista en Cuba, y también en Estados Unidos, se fue disipando con el paso del tiempo, aunque en la región oriental cubana estuvo latente hasta 1935 (Rivero Estévez 2005).

Entre los años 1945 y 1946 se intentó rescatar la UNIA en Cuba. Solo quedaba una asociación en La Habana, pero no se logró avivar. Las causas del fracaso de la UNIA en la isla están asociadas a la masacre de 1912 como principal elemento. Pero además, factores como la diferencia idiomática y la divergancia religiosa sumaron a la escisión. Al tener los jamaicanos el protestantismo como creencia preponderante, rechazaron las religiones de origen africano profesadas por los cubanos.

LEGADO

A pesar de todo lo subjetivo que envolvió la figura del líder y su Asociación, Marcus Garvey tuvo el mérito histórico de fundar la UNIA y unir a millones de negros en la lucha por sus derechos. En su abarcadora visión del problema negro y el racismo mundial imperante se dedicó a brindar las verdaderas herramientas que los negros norteamericanos y del Caribe de habla inglesa debían utilizar para la lucha, incluso cuando no hubiera comprendido hasta qué punto los elementos que diferencian e identifican a los negros estadounidenses y caribeños no se correspondían con los africanos (Valdés García 2013).

El iniciador de la idea panafricanista y de la repatriación a la tierra que nos vio nacer apelaba al orgullo racial y a la redención para el continente negro. Así como una vez África fue la cuna de la civilización, nuevamente volvería a conquistar un lugar prominente. Por eso, Garvey se proponía la fundación de un Estado fuerte en África que incluyera y beneficiara a todos los negros que desearan regresar.

En los discursos de Marcus Garvey, se insiste en una ruptura, en un cambio que pone al mundo frente a una realidad demandante de universalidad, de auto dependencia y gobierno. Pues hasta esa fecha el África de los negros permanecía bajo dominio colonial de las grandes potencias blancas de Europa. Por lo tanto, crear una nación fuerte para el negro debía ser un propósito justo y un modelo para el alcance de la libertad y el respeto. De Marcus Garvey también parte la crítica al colonialismo, al racismo, al patriarcado y a toda forma de exclusión que en la segunda mitad del siglo pasado fuera substancial, sobre todo en los Estados Unidos.

Sus oportunas ideas pasaron, sin embargo, inadvertidas por los pensadores más aguzados de la isla en aquel momento. La aristocracia blanca cubana y el pensamiento establecido de aquel momento imposibilitaron que críticos como Fernando Ortiz o Nicolás Guillén, por solo mencionar dos, palparan la intensidad del líder jamaicano o se percataran suficientemente de la trascendencia de sus ideas.

Según Samuel Furé (2013), Garvey quería subir un escalón más alto en su anhelo por la dignificación de África y de la condición del africano. En su interpretación, el cubano distingue las tres erres en inglés que marcan el pensamiento garveyista: redemption (redención), reparation (indemnización) y repatriation (repatriación) (Furé Davis 2013). A pesar de este legado, para los más recientes movimientos contra el racismo aún falta camino por andar antes de alcanzar una verdadera solución ante la dilatada postergación de la emancipación del negro.

En su legado nos deja su impronta cuando en el verano de 2012 un grupo entusiasta de jóvenes, quizá el único en el mundo, celebró los 120 años del nacimiento de Garvey produciendo a ojos de los analistas la reapropiación de la ideología garveyista en función de los problemas de la juventud cubana, más allá de la racialidad y avanzando hacia la espiritualidad. Fue un mensaje contundente a través de la imagen de un hombre que revolucionó el pensamiento de cientos de miles de negros en su época e incluso después de su muerte.

Las ideas poscoloniales de Garvey formaron parte del pensamiento de gran parte del nacionalismo negro de los sesenta tanto en el Caribe como en los Estados Unidos, y se colocarán por siempre como baluarte para las presentes y futuras generaciones.

LISTA DE REFERENCIAS

Álvarez Estévez, Rolando. 1988. *Azúcar e inmigración 1900–1940*. La Habana: Editorial de Ciencias Sociales.

Baptiste, Fitzroy A. 2001. "La migración afroantillana en el mundo atlántico de Marcus Garvey (1887–1940)". *Casa del Caribe* 36:29–35.

Fernández-Robaina, Tomás. 2009. *Identidad Afrocubana, cultura y nacionalidad*. Santiago de Cuba: Editorial Oriente.

Furé Davis, Samuel. 2013. "Marcus Garvey y Cuba. La inadvertencia de sus ideas". *Panel dedicado a Marcus Garvey*. La Habana: Casa de las Américas. 23 de febrero.

James Figarola, Ariel. 1976. *Imperialismo y nación en una plantación azucarera*. La Habana: Editorial de Ciencias Sociales

Lewis, Rupert.1988. *Marcus Garvey: Anti-colonial Champion*. Lawrenceville: Africa World Press.

Martínez, Iván C. 2007. *The Open Wound: The Scourge of Racism in Cuba*. Kingston: Arawak Publications.

Rivero Estévez, Sandra. 2005. *La sombra de Marcus Garvey sobre el oriente cubano*. Santiago de Cuba: Ediciones Santiago.

Ross, Yazmin. 2004. *La flota negra*. La Habana: Editorial Arte y Literatura.

Valdés García, Felix. 2013. "Marcus Garvey y Cuba: la inadvertencia de sus ideas". *Panel dedicado a Marcus Garvey*. La Habana: Casa de las Américas. 15 de febrero.

8.

Aportes e influencias de la inmigración anglocaribeña a la cultura cubana en Guantánamo

ONIL BIENTZ CONTE

INTRODUCCIÓN

Al abordar cualquier tema sobre inmigración en Cuba se deben tener en cuenta los referentes históricos, culturales, políticos y socioeconómicos que constituyen este segmento de nuestro entramado sociocultural. Aunque la inmigración angloantillana tuvo una significativa importancia en la formación de la nacionalidad cubana, son muy escasas las referencias históricas sobre sus aportes e influencia en la cultura de la nación. En el periodo de la Neorepública hasta 1959 y después de esta muy pocos historiadores e investigadores han abordado el tema de la presencia migratoria anglocaribeña en el país. Solo en las dos últimas décadas del presente siglo han aparecido finalmente algunas publicaciones significativas donde se reflexiona de forma profunda sobre el tema de la diáspora anglocaribeña en Cuba.

Lo anterior tiene que ver directamente con la condición de negros de la mayoría de estos inmigrantes, llegados a Cuba como mano de obra barata y en condiciones de semiesclavitud a causa del modelo cubano de hispanidad cultural y racial. Al principio, su presencia fue desvalorizada por los nativos, y todavía más por la elite dominante que los empleaba y explotaba. Este trabajo aborda dos períodos importantes en la historia de Cuba en el siglo XX: antes y después de 1959, tomando la Revolución como el evento que conforma la frontera temporal más visible en el ámbito social, económico y político. Se subraya así el importante papel que estos inmigrantes desempeñaron en el desarrollo socioeconómico del país durante la primera de estas etapas, con su consecuente legado cultural en la sociedad cubana hasta nuestros días. Para el desarrollo de este trabajo, es importante plantearse las siguientes preguntas: ¿Qué factores determinaron la inmigración anglocaribeña en Cuba? ¿Cómo influyeron en la formación del crisol de la cultura cubana? ¿Cómo se evidencia en la actualidad la diáspora jamaicana en Cuba?

El objetivo de este trabajo es por tanto describir el comportamiento e influencia de la inmigración anglocaribeña en Guantánamo, desde el análisis de los referentes teóricos de práctica cultural en lo reflejado en el contexto social. Pero antes de establecer cualquier análisis sobre la influencia de la cultura angloantillana en Cuba, se deben tener en cuenta las diversas vertientes que fueron determinantes en este proceso migratorio:

- Religiosas
- Educativas (idioma)
- Políticas
- Económicas
- Socioculturales

Muchas comunidades angloantillanas tuvieron una gran influencia sobre la construcción de la nacionalidad cubana. Sin embargo, el caso de Guantánamo, con sus rasgos histórico-sociales y sus expresiones culturales distintivas, es notable ya que allí se generó un proceso de asentamiento urbano que marcó con fuerza la cultura del país

DESARROLLO

Factores como la situación socioeconómica en las Antillas Menores, el crecimiento demográfico, el aumento del desempleo generado por la conclusión del canal de Panamá en 1914, la plaga que atacó las plantaciones de plátanos en Puerto Limón, Costa Rica en 1920, sumados al auge de la producción azucarera en Cuba a raíz de la primera guerra mundial, propiciaron la migración antillana, principalmente con lugares como Jamaica, Barbados o Santa Lucia como procedencia

La isla de Jamaicacontrobuyó con el 60 % del total de la migración a Cuba, aportando 600 000 individuos que llegaron a Cuba entre 1912 y

1929. Los puertos emisores fueron primordialmente Kingston y Montego Bay en Jamaica y Bridgetown en Barbados. Los del resto de las islas viajaban a estos puntos de embarques para llegar a Cuba, principalmente el puerto de Santiago de Cuba y sub-puertos privados como los de la bahía de Puerto Padre en Banes, los que generalmente formaban parte de propiedades de compañías bananeras y azucareras norteamericanas.

Los migrantes se encontraban en su mayoría en el rango de los 15 y 45 años de edad, y figuraba entre ellos un alto índice de hombres: seis por cada mujer. A todo ello se sumaba un significativo índice de alfabetismo (85 %) entre los angloparlantes, por lo que en su mayoría se desempeñaban como fuerza obrera.

Guantánamo y Santiago de Cuba eran los territorios que representaban las regiones del país con mayor número de inmigrantes anglocaribeños. En la provincia de Guantánamo los jamaicanos constituían el 74 % de los inmigrantes llegados a Cuba. Desde las Antillas inglesas; los casamientos de hombres y mujeres se consumaron en un 53 % con personas angloantillanas (un 44 % con jamaicano), y solo el 39 % se matrimoniaron con nativos cubanos. La muestra obtenida en los expedientes matrimoniales, los libros de ciudadanía y los análisis de las estadísticas dan cuenta de ello.

VALORACIONES DE ALGUNAS DIMENSIONES SOCIOCULTURALES

Religión

Hay que destacar que en 1905 se funda en Guantánamo la primera iglesia episcopal de la religión anglicana ortodoxa: All Saints Church, la cual fue favorecida por la ocupación estadounidense, y la entrada de misioneros estadounidenses y cubanos formados en el protestantismo.

Hasta la fecha, Cuba había aglutinado la presencia privilegiada de la iglesia católica romana, producto del colonialismo español. La iglesia episcopal contó desde su fundación con la presencia de los angloantillanos entre sus devotos. De hecho, inmigrantes y descendientes agloantillanos constituían la mayoría de sus feligreses.

No obstante, surgieron iglesias de otras denominaciones a las que la inmigración antillana se incorporó: iglesias metodistas, pentecostales, adventistas del séptimo día, y otras. El hecho de que crearan sus propias iglesias no impidió que muchos se integraran a las existentes en Cuba, dentro de las que se destacaron The All Saints Episcopal Church, The Saint Thomas, The Apostle American, Catholic Church, The Church of God.

Con respecto a las logias, se acentuó el establecimiento en Guantánamo de la primera logia anglocaribeña en 1906. Catalina Lodge no. 651, de la orden de los Odd Fellows, cuyo patronato abrió el camino para la constitución de otras logias entre las que se cuentan: The Mechanic Lodge, The Star of Galilee Lodge, The Star of Judea Lodge, The Order of Forester, The Mount of Arat.

Meritorio es acentuar el papel de la mujer inmigrante tanto en las iglesias como en las logias. Las mujeres inmigrantes constituyeron un comité de damas auxiliares donde desempeñaban diferentes quehaceres, incluidos el desarrollo de actividades culturales religiosas, el auxilio a desamparados, la preparación de reuniones, entre otras actividades. Para 1909 Catalina Lodge, crea una rama femenina, Household of Ruth.

De la logia Catalina se derivaron diferentes sedes en otras localidades de Cuba, con Catalina como logia madre. Es revelador en sus libros de actas cómo, además de estar relacionadas con otras logias anglófonas en Cuba, estas logias gozaban de buenas relaciones con sus contrapartes en Jamaica, Trinidad, República Dominicana, República de Panamá, Bermuda, entre otras naciones.

Son significativas algunas ceremonias religiosas que han perdurado hasta la actualidad como Resurrection Day, Easter Sunday o Memorial Service, las cuales son parte de los rasgos distintivos de la religión anglófona. Se puede aseverar que la alta religiosidad de los angloantillanos, su devoción por las distintas órdenes a las que pertenecían, su comportamiento o su forma de vestir al asistir a misa, entre otras cuestiones de índole identitaria calaron profundamente en la percepción que tenían los nativos, y el resto de la inmigración residentes en el país, sobre los anglófonos en Cuba.

Educación

La educación era uno de los grandes privilegios en Cuba, del cual no gozaban las clases populares, ni pobres y mucho menos los negros, víctimas de una sociedad racista, divisionista e indiferente a estas necesidades de forja cultural. Los inmigrantes anglófonos instauraron sus propias escuelas, donde sus hijos, nacidos o no en Cuba, recibían sus primeras lecciones de la enseñanza primaria en inglés. Estas clases eran impartidas por maestras y profesores con una reconocida labor pedagógica en Cuba y otros llegados desde Jamaica expresamente para estas funciones. Se destacaron escuelas como la British West Indian Welfare Centre (BWIWC) o la English Caribbean Academy, al frente de la cual estuvo el profesor R.C. Jones. Otras escuelas se habían iniciado como logias y asociaciones en Guantánamo como son los casos de las escuelas Mr Henry Stonewall Jackson, Ms Anderson School o Ms Odein's School.

Desde 1959 hasta hoy Cuba ha experimentado un nuevo proceso educacional en el que muchos descendientes de angloantillanos se han educado bajo las normas del reconocimiento, la integración y la participación académica y cultural. Otros han llegado a ocupar cargos importantes en el sistema educativo, principalmente en lo relacionado a la enseñanza del inglés, como por ejemplo el de *Leona Illen Ford Miller*, metodóloga nacional de inglés en Cuba.

Político

La masiva diáspora angloantillana en Cuba tuvo en sus inicios una motivación puramente económica. Sin embargo, en sus distintas etapas, esta inmigración alcanzó fuertes implicaciones políticas, a menudo por cuenta del ultraje, los malos tratos, y la desvalorización de su trabajo debido a su condición racial y social. Estos inmigrantes recibieron un mal trato de contratistas, fuerzas policiales al servicio de los colonos, y de algunos nativos.

Estas injurias y otras razones forzaron la intervención del consulado británico en las provincias orientales, su mediación y protección que, si bien favoreció a este grupo de inmigrantes en comparación con en una condición similar nunca abarcó en su totalidad las expectativas de los súbditos ingleses negros como se les conocía en Cuba.

Un hecho trascendental suscitó el interés de integración sociopolítica en Guantánamo: la visita de Marcus Garvey. El 30 de abril de 1920 se dio la constitución del capítulo 12, División 164 de la (UNIA) Asociación Universal para el Adelanto de la Raza Negra en la provincia. No menos importante entre la diáspora antillana es la figura de Alexander Bustamante, inspector de aduana en Guantánamo en la década de los años 20, posteriormente de Santiago de Cuba y orgullo de la comunidad jamaicana en la provincia guantanamera. Años después de su regreso a Jamaica, Bustamante fue elegido primer ministro. Asimismo, comparece la destacada señora Sonia MacIntosch, funcionaria del Banco Continental en Guantánamo y quien, de regreso a Jamaica, se emplea en la Revolución Cubana que marca un nuevo período sociopolítico en el país al que la diáspora anglo-antillana se encuentra ligada directa e indirectamente.

Aunque es de notar que algunos de ellos tomaron una posición neutral y otros no se identificaron con el nuevo sistema, a la vez que eran vilipendiados por su actitud, la gran mayoría de inmigrantes anglocaribeños decidieron acogerse a la nueva dirección del país. Esta nueva dirección política trajo consigo un programa social de inclusión e igualdad nacional, con el que se buscaba eliminar el racismo institucional e integrar a la mujer en la sociedad, como es el caso de MacIntosh, como funcionaria del MINREX.

Económico

Como se ha indicado, la migración llegada a Cuba buscaba las mejorías económicas, pero frecuente era que todos se emplearan como mano de obra barata, sufriendo los desmanes del migrante. En todo este entramado de circunstancias, varios sucesos cambiarían el curso de la vida económica del migrante anglocaribeño: la *Ley de nacionalización del trabajo* de 1933, comúnmente conocida en Cuba como ley del 50 %, que contribuyó a la repatriación forzada de miles de inmigrantes.

El inicio de la Segunda Guerra Mundial, aumento de empleos en la base naval de Guantánamo y otros factores objetivos dieron lugar a que se produjeran unos cambios significativos en la vida de los angloantillanos. El conocimiento del idioma inglés, su alto nivel de instrucción y alfabetización, y algunas semejanzas con el sistema educacional de los empleadores les favorecía frente al resto de las migraciones y los nativos.

Todo lo anterior produjo mayores tensiones, hasta el punto de que los locales se refirieran a estos inmigrantes anglocaribeños como "rompe huelgas". Durante la década de los cuarenta la provincia experimentó una transformación económica que fue muy notable en la diáspora anglófona: mejora en los puestos laborales fijos y beneficios salariales, entre otros patrocinios.

La ubicación socioeconómica que la diáspora antillana comenzaba a experimentar al gozar de algunos privilegios se ratificó en los años venideros en las distintas sociedades benéficas, culturales y de recreo fundadas por los migrantes como: The Good Will Society, The Eureka Club, The British West Indian Welfare Centre, The Young People Fellowship Society, Dragon Club, Rivel Club, River Size. Este proceder marcó, entre otras cosas, una pauta diferente entre las migraciones rurales y la migración de asentamiento permanente.

Sociocultural

La vida social del inmigrante angloparlante a su llegada a Cuba fue difícil de descifrar por otros inmigrantes y por los propios cubanos. La expresión cultural después de su arribo al país fue más cerrada, a partir de la imposición de determinados cánones de limitaciones. De este modo, su intento de preservar su cultura de procedencia los aisló en los inicios de una sociedad que los excluía y semiexplotaba. Esta política de protección de sus valores y tradiciones hacía que permanecieran en sus casas o asociaciones.

Se trataba de mantener el idioma a toda costa, su religiosidad, los platos típicos, ricos en aromas y texturas, sus cantos y música tradicionales, entre otras prácticas y expresiones culturales. Hay que citar entre los deportes que practicaban al cricket, convertido para ellos en una de sus más grandes pasiones. De esta forma, su práctica era tomada como pretexto para sus celebraciones acompañadas de comidas y bebidas típicas. Los fines de semana solían elaborar sus comidas y bebidas, a la vez que profesaban sus cantos y bailes como espacios para recrearse y socializarse.

No obstante, después de 1959, con la apertura social de Cuba, se producen cambios significativos en la vida de todo residente en el país. Varios procesos y proyectos socioculturales propios de una nueva estructura se pusieron en marcha. Se experimentó un periodo de letargo en el que desaparecieron la mayoría de las asociaciones no gubernamentales en el país. Guantánamo no fue un caso aislado y pronto solo quedaría la única institución con personalidad jurídica propia, y su principal objeto social, benéfico cultural.

Es así que motivos como la depresión de sus miembros, el envejecimiento de los inmigrantes y sus descendientes y el éxodo del país de muchos otros anglocaribeños llevaron a la creación en la década de los 90 de un departamento de jóvenes (Young People Department). Su objetivo principal fue el rescate de sus tradiciones musicales, de danza, culinarias, deportivas y religiosas incorporándolas de forma notable en la comunidad guantanamera.

De sus logros dan fe los distintos grupos aficionados y compañías profesionales de danza que se fueron creando como Babul, Danza libre, Jagüey, Rainbow, cuyo repertorio incluyó música y bailes del Caribe anglófono. Los distintos eventos que celebra la provincia, donde la participación de la comunidad antillana es admirada son, por ejemplo, la Fiesta a la guantanamera, la semana de la cultura cubana, y los eventos propios del British West Indian Welfare Centre (BWIWC). Son todos, sin duda, parte de entramado sociocultural de las raíces antillanas.

CONCLUSIONES

La migración anglocaribeña a Cuba demostró el papel fundamental desempeñado por la familia y la educación en la conformación del hogar y en la formación de valores éticos y morales. Estos inmigrantes defendieron a ultranza sus tradiciones y cultura, sin sospechar que ese acto desesperado por no perder u olvidar sus raíces se convertiría en un mestizaje cultural inconsciente. Pero su influencia no ocupó y continúa sin ocupar el justo lugar que este contacto merece entre los estudios sobre la cultura y nacionalidad cubana, ya que solo permanece de forma espontánea en el subconsciente del cubano actual.

FUENTES CONSULTADAS

Chailloux Laffita, Graciela, ed. 2007. *De dónde son los cubanos*. La Habana: Editorial de Ciencias sociales.

Sánchez Guerra, José. 2004. *Los anglo-caribeños en Guantánamo (1902–1950)*. Guántanamo: Editorial el Mar y la Montaña.

Libro de actas del British West Indian Welfare Guantánamo.

Libro de actas de la logia Madre Catalina.

TESTIMONIOS

Ana Maria Crónica

Sonia Jackson Ming

Daisies Bronwydd
Jorge A. Derrick Henry
Jorge N. Andrews Thomas
Avanzada Lewis gourboune
Ramón Gómez

9.

Huellas de la emigración anglófona en el Central "Los Reynaldos"

SILVIA MIRIAM MORGAN SCOTT | WILFREDO CARBONELL LIMONTA | WILLY CARBONELL MORGAN

INTRODUCCIÓN

Alrededor de los descendientes de las islas del Caribe se han tejido numerosas versiones, leyendas y comentarios, unas veces bien intencionados y otras cargados de desaciertos acerca de sus orígenes, costumbres y tradiciones. Cabría preguntarse, ¿todos los inmigrantes son anglófonos?, ¿todos los inmigrantes anglófonos son jamaicanos?, ¿existen diferencias entre los mismos inmigrantes de habla inglesa?, ¿lograron insertarse en la sociedad cubana hasta el punto de perder su identidad o han mantenido sus costumbres y tradiciones, aún sin mantener contacto directo con sus islas de origen?, ¿sus comidas, vestuario y proyecciones sociales son cubanas, anglófonas o constituyen una mixtura de ambas culturas?, ¿vinieron para quedarse?

Estas y otras interrogantes nos motivaron para hacer este trabajo, concebido con el propósito de demostrar cómo evolucionaron algunas familias anglófonas cuyos ascendientes se asentaron en la zona cañera del actual central "Los Reynaldos". Escogimos esta zona ya que, por un condicionamiento de percepción sociocultural, apreciamos que es una de las pocas del país en la que los descendientes se han mantenido unidos a sus familias por más de dos generaciones. Además, existen familias cuyos miembros hasta la tercera generación de descendientes han desarrollado sus vidas en la zona, caracterizándose por un fuerte arraigo a las tradiciones familiares. A todo esto se une el hecho de que uno de los autores del trabajo es descendiente por ambas partes (padre y madre) de inmigrantes anglófonos, específicamente jamaicanos.

Partiendo de los intereses que motivan la elaboración de este trabajo, hemos conformado los árboles genealógicos de todas las familias de la zona, lo cual nos ha permitido adentrarnos en el conocimiento de la vida social y cultural de los anglófonos inmigrantes y descendientes, constituidos para los autores de este material en los sujetos investigados.

Para la realización de la investigación contamos con los testimonios de descendientes residentes en esta localidad, quienes solícitamente nos ofrecieron informaciones, fotos y documentos que constituyen elementos probatorios necesarios para conformar este informe. El hecho de trabajar con las fuentes orales nos exigió establecer un encuentro con varias de ellas, para concebir una confrontación verbal sobre sus testimonios. De estos encuentros obtuvimos fructíferos resultados.

DESARROLLO

Según los testimonios recibidos, los primeros inmigrantes anglófonos llegados a la zona de "Los Reynaldos" lo hicieron en la segunda década del siglo XX, apremiados por la búsqueda de trabajo en las labores de la zafra u otros trabajos agrícolas. Sin embargo, no llegaron directamente de sus islas de origen, sino que se produjo una inmigración interna por parte de los que ya se habían asentado en otras regiones del país como Nuevitas, Camagüey, Santiago de Cuba y algunas zonas de la actual provincia de Holguín. Estos inmigrantes vivían desempeñando fundamentalmente labores agrícolas, como jornaleros. En el caso de algunas mujeres, su ocupación fue como domésticas, lavanderas, manejadoras de niños o desarrollando cualquier trabajo honesto y decoroso.

De estos lugares los inmigrantes fueron trasladándose hacia la zona cañera que nos ocupa y fundando así familias cuyos descendientes aún se encuentran en número considerable en el lugar. Es medular destacar que estos inmigrantes se establecieron fundamentalmente en los alrededores del batey del entonces central "Marimón" (hoy "Los Reynaldos").

Es peculiar que en ningún caso los primeros inmigrantes se asentaran en el batey del central, sino en las cercanías de las colonias de tierra en las que trabajaban para sus dueños, construyendo sus casas con mucha modestia, pero con una rigurosa pulcritud. Solo en casos aislados vivieron en cuartos pertenecientes al batey del central.

Paulatinamente y con el discreto nivel de prosperidad económica de la zona en las décadas de 1930 a 1950 fue mejorando también la situación de estas familias, que se fueron insertando en diferentes actividades económicas, fundamentalmente las vinculadas al central azucarero, así como en otros oficios sociales a los que nos referiremos más adelante.

Sin embargo, esta inserción en la economía y en la sociedad no socavó el mantenimiento de las costumbres y normas de estos inmigrantes, en su mayoría jamaicanos, quienes se ocuparon de transmitir a sus posteriores generaciones los hábitos de vida de sus respectivos países, lo que contribuyó a mantener las raíces de su suelo natal.

Los testimoniantes, tanto inmigrantes anglófonos como descendientes y cubanos muy vinculados a ellos, coincidieron en lo que se refiere al interés de los primeros en mantener y exigir a su descendencia un comportamiento social bajo los cánones de las costumbres traídas de sus países. Aunque su idea permanente era el regreso a la tierra madre y no mixturarse con los autóctonos del país al que habían emigrado, la vida misma demostró que la mayoría de sus descendientes nacidos en Cuba continuaron formando sus familias entre sus conciudadanos.

El arraigamiento a las tradiciones y costumbres nativas de los inmigrantes anglófonos no es una característica exclusiva de los inmigrantes asentados en la zona del Central "Los Reynaldos", que es la región a la que se refiere esta investigación. No obstante, nos referiremos a ellas al tomar en consideración las condiciones de vida en que se fomentaron y desarrollaron estas familias.

COSTUMBRES E IDENTIDAD COMO ELEMENTOS QUE CARACTERIZAN AL TIPISMO SOCIOCULTURAL DE ESTE ASENTAMIENTO

Entre las costumbres más generalizadas de estos grupos poblacionales este colectivo de autores ha considerado oportuno referirnos a:

Vestuario

En sentido general, las maneras de vestir eran muy bien escogidas cuidando la fineza de los tejidos y la selección de los estampados discretos.

En el caso de las mujeres, que asumían las labores caseras, se vestían con ropas de algodón preferentemente blancas, beige o de colores tenues. Por lo general, no usaban zapatos tenis ni chancletas para ninguna labor, a no ser el baño o periodos de enfermedad. Para permanecer en la casa, era peculiar el uso de medias de algodón y los delantales, pero nunca trajinaban en batas de casa ni ropa para dormir, sino vestidas con ropa de andar y siempre calzadas con los zapatos cerrados de tacón bajo conocidos como "balerinas", cuidadosamente lustradas.

En lo que se refiere a las ropas interiores, era característico que fueran muy finas, elaboradas con tela de satín y multifilamentos, trabajadas con exquisito gusto y cuidado en su confección y acabado, contentivas además de todas las piezas de los juegos para ser usadas en cada momento.

Para las salidas cotidianas a la calle, usaban como complemento el sombrero, el cual variaba en correspondencia con el objetivo de la salida y en consonancia con la ropa que se vestía en cada momento.

Las prendas de vestir para fiestas, encuentros sociales y visitas eran confeccionadas con telas muy finas como sedas, hilo o crepé, sin un color específico como norma comunitaria, sino por gustos personales. En lo que a joyas se refiere, su uso era muy selectivo, pues eran esencialmente confeccionadas con oro tanto para el uso entre las mujeres como en los hombres. Entre las joyas destacaba el uso de cadenas, anillos, pulsos, relojes de pulsera o de bolsillo, manillas y otros atuendos. No se usaban joyas de fantasía, y se prefería no usar prendas antes que usar alguna que no fuera de oro. Además, las mujeres realzaban su belleza con un discreto maquillaje aplicado con buen gusto. No era usual pintarse las uñas ni usar pelo postizo en ninguna de sus formas.

En el caso de los hombres, para las salidas, usaban trajes siempre con chalecos, camisas de mangas largas con yugos, acompañadas con chaquetas o sacos. Ocasionalmente exhibían camisa y pantalón, siempre con el detalle de llevar la primera por dentro del segundo. En general, usaban camisetas con mangas (llamadas camisillas), y en su lugar usaban para trabajar los pantalones, overoles y camisas, que se confeccionaban con telas de caqui u otro tejido fuerte en correspondencia con el tipo de trabajo que fuesen a realizar.

Costumbres sociales

Les gustaban las fiestas y las celebraciones navideñas, esencialmente las del día 25 de diciembre y el primero de enero. Eran celebraciones que se hacían con comidas en las que se mezclaba la de carne de pollo (en el caso de los jamaicanos sobretodo), aunque se comían otras carnes como la de chivo o carnero, pero cocinadas a la manera típica de sus tierras de origen. Paulatinamente fueron introduciendo en sus gustos, sobre todo los descendientes, el cerdo asado, un plato tradicionalmente elaborado y consumido por los autóctonos cubanos.

No faltaban en las comidas los vinos y el coñac, aunque se incluía también la cerveza. Aún mantienen los descendientes de primera generación la tradición de preparar vinos y dulces caseros a base de frutas harina para brindar en fiestas, banquetes, visitas o enviarlos de regalo a otras familias por cualquier motivo.

En las fiestas se profesaban los bailes cubanos sin distinción, pero siempre predominaban sus bailes autóctonos y sus canciones y cánticos, los cuales se encargaban de enseñar a sus descendientes, fundamentalmente a los de primera generación.

Era costumbre de los inmigrantes anglófonos cantar en los velatorios y en el momento de dar sepultura a sus congéneres. Es meridiano subrayar en estos estudios que estos cánticos los ejecutaban con un profundo dolor, de manera que al escucharlos, aún sin entender el idioma, transmitían el pesar que sentían por la pérdida física del ser querido. Esta costumbre, a pesar de que aún persiste con marcada regularidad, corre el riesgo de perderse ya que los jóvenes descendientes no conocen ni los cánticos ni cómo ejecutarlos. Máxime si este colectivo de investigadores ha valorado que ya en la zona no quedan inmigrantes vivos.

Tradición característica de los inmigrantes anglófonos y de la mayoría de sus descendientes era la de visitarse constantemente y conversar en el idioma natal acerca de sus países de origen y de sus deseos de retorno a su tierra matria, ya que la mayor parte vinieron a esta tierra, no a quedarse definitivamente sino para hacer fortuna y prosperar económicamente. Esta aspiración solamente se pudo lograr en casos aislados. Por ejemplo, en la zona que nos ocupa tenemos conocimiento de dos casos individuales y el de una familia (los Foster) cuyos miembros, tanto los inmigrantes como sus descendientes, viajaron de regreso a Jamaica donde actualmente residen.

Educación

Entre las familias anglófonas era peculiar el establecimiento de una educación muy estricta y severa, en la que primaban los valores morales como la honestidad, el respeto, la seriedad, la obediencia y el cumplimiento de la palabra dada y el deber, llegando en algunos casos a una exigencia y autoexigencia extremas.

De esta manera, inculcaban en sus descendientes la necesidad de mantener rigurosamente una moral intachable, insistiendo en las costumbres, el respeto a sí mismos y a los demás, y sobre todo el respeto y consideración a la familia y a la casa. Esta extrema exigencia hacía que las correcciones ante las quejas fueran en ocasiones excesivamente severas.

En lo que respecta a la educación familiar y hogareña, se preocupaban mucho por la buena convivencia, el respeto a los mayores y la organización de la vida en las casas, donde además cada actividad se realizaba exactamente en el lugar de la casa que correspondía. Así, independientemente de la estrecha relación o confianza que pudiera existir entre diferentes miembros de las familias, estos no atravesaban más allá del lugar correspondiente a las visitas.

Idioma

En lo que se refiere al uso del idioma natal, no se conoce caso alguno que no enseñara y exigiera a su descendencia el uso del inglés a la par del español. Esta costumbre se ha ido perdiendo después de la primera generación de descendientes, entre otras razones por la dispersión de los miembros de las familias, muchos de los cuales salieron de la jurisdicción compuesta por los inmigrantes a realizar estudios fuera de la comunidad.

Atención intercomunitaria

Era peculiar la preocupación por la ayuda mutua, las visitas y el cuidado de los enfermos y necesitados dentro y fuera de la comunidad de inmigrantes anglófonos. Este fue el caso de la jamaicana Merdina McLawrence que se ocupaba de cocinar y atender, sin remuneración alguna, a varios inmigrantes anglófonos que no fundaron familias, incluso a algunos haitianos que se encontraban en la misma condición.

Es justo reconocer que en esta zona, y a pesar de que por lo general a los inmigrantes anglófonos no les gustaba ser confundidos con los francófonos (específicamente haitianos), no existió rechazo hacia los segundos y se dieron casos que hasta fundaron familias mixtas, conviviendo en una verdadera comunidad de inmigrantes.

En sentido general, a pesar de que no se oponían abiertamente a los matrimonios entre sus descendientes y los cubanos nativos, veían con mayor beneplácito las uniones entre hijos de descendencia anglófona. Este colectivo de estudiosos del tema ha entendido que ellos consideraban que era una forma de mantener integradas a sus familias, a la vez que mejor cuidadas. Se aprecia que también fueron transmitidas sus costumbres, además de la constante aspiración de regresar a la tierra natal.

Religión

En esta zona no proliferaron mucho los religiosos dadas las propias condiciones de vida y su reducido número. Sólo en casos aislados, practicaban la religión Bautista, Adventistas del séptimo día y Testigos de Jehová.

No existieron iglesias, ni templos de estas religiones en la zona, con excepción del Salón del Reino de los Testigos de Jehová, el cual fue fundado como local en 1960, a pesar de que existía la Casa Culto desde los años 50 del siglo XX. Esta religión es la única que se ha mantenido como núcleo organizado en la zona. Además, sus líderes más importantes han sido inmigrantes o descendientes de anglófonos de una misma familia.

Por lo general, no existían en las casas de los inmigrantes, imágenes religiosas, ni estatuillas de santos o íconos. Sin embargo, sí conocían y leían la Biblia, y asistían a la Iglesia Católica, a las ceremonias matrimoniales de sus descendientes y amistades muy allegadas, así como a los bautizos que se concebían

Trabajo

Desempeñaron los más disímiles trabajos, destacándose por emprenderlos y ejercerlos con gran profesionalidad y diligencia, independientemente del trabajo que fuera. En algunos casos se preparaban en más de un oficio, lo que favorecía económicamente a la familia. Educaban a sus hijos y nietos en el respeto, el amor y el sentido de la responsabilidad ante el trabajo. Tanto los inmigrantes como sus descendientes desarrollaron y desarrollan varios tipos de trabajo, lo que ha traído como consecuencia favorable el hecho de haberse adiestrado en varios oficios y profesiones.

Hemos querido en este trabajo resumir los más importantes y significativos testimonios reveladores del modo de vida anglófono en la zona del central "Los Reynaldos". No obstante, somos del criterio de que para tener más elementos demostrativos de la existencia de una comunidad de este tipo en la zona es necesario estudiar su composición familiar. Para ello, nos dimos a la tarea de investigar y conformar los árboles genealógicos de todas las familias de inmigrantes de habla inglesa que se asentaron en el territorio del referido central, así como sus países de origen. Es válido a la vez conocer en esencia las profesiones desempeñadas hasta la tercera generación.

De esta forma, fuimos compilando las informaciones y datos necesarios, así como los determinados rasgos identitarios socioculturales, en lo que logramos conformar los árboles genealógicos de las familias Foster, Morgan Seville, Fisher, Williams, Renauld y Scott Jackson.

Este estudio nos posibilitó determinar el número de inmigrantes y sus descendientes por países de origen, siendo los mismos:

- Naturales de Jamaica – 31
- Descendientes de jamaicanos – 118
- Naturales de Granada – 3
- Descendientes de granadinos – 0
- Naturales de Saint Kitts-Nevis – 2
- Descendientes de Saint Kitts-Nevis – 15

CONCLUSIONES

Esta investigación estuvo encaminada a desentrañar aspectos interesantes de la historia de la inmigración caribeña anglófona a nuestro país y específicamente sus asentamientos en la región oriental. En la zona del central "Los Reynaldos", ha quedado demostrada la fuerte influencia de las costumbres y normas de los inmigrantes y sus descendientes en la sociedad del lugar.

Por otro lado, la existencia de núcleos poblacionales de inmigrantes en determinadas áreas de la región de Guantánamo y Santiago de Cuba, esencialmente en zonas azucareras, demuestra a su vez que la finalidad de la emigración del contingente anglófono de sus países a Cuba fue más económica que política, al menos entre los testimoniantes. De ahí que en la misma medida en que se produjeron cambios económicos en las diferentes zonas se fuera produciendo un proceso de re-inmigración en nuestro país, y que los lugares de establecimiento primario de los nativos caribeños anglófonos se convirtieran en asentamientos temporales.

Concluimos también que el resguardo de las costumbres y tradiciones de los anglófonos que ocupan nuestro estudio se mantuvieron fuertes hasta la primera generación de descendientes, y a partir de ahí se ha ido deteriorando su conservación, manteniéndose solamente algunos aspectos aislados, fundamentalmente en los hábitos alimentarios y la disciplina familiar y laboral.

Los inmigrantes anglófonos asentados en la zona que nos ocupa no fueron objeto de discriminación por su origen extranjero, por lo que pudieron desempeñarse en trabajos y oficios de mucha utilidad y valía para la sociedad. Sus descendientes se han desarrollado en diferentes profesiones y oficios, llegando a ocupar cargos y tener responsabilidades en diferentes niveles de dirección de la provincia, así como grados científicos e investigativos que prestigian su procedencia anglófona.

FUENTES ESCRITAS CONSULTADAS

Acevedo, Ramón Luis. 1989. "Unidad y diversidad cultural en la cuenca del Caribe". *Del Caribe* VI, no 15:3–10.

Carbonell Limonta, Wilfredo, y Silvia Miriam Morgan Scott. 2007. "La superación de profesionales de humanidades en cultura anglocaribeña, una necesidad para Guantánamo". *Memorias de la Conferencia de la Diáspora en el Caribe IX.* Santiago de Cuba.

Argüelles, Luis Ángel. 1981. "La unidad sociocultural en el Caribe". *Las culturas del Caribe.* París: UNESCO, 31–65.

Entralgo, Armando. 1981. "Sugerencias de investigación sobre las relaciones entre las culturas del Caribe y otras culturas". *Las culturas del Caribe.* París: UNESCO, 181–183.

Morgan Scott, Silvia Miriam, Wilfredo Carbonell Limonta, e Irene Ciero Joseph. "La religión como elemento identitario cohesionador de la comunidad anglófona guantanamera." *Memorias de la Conferencia de la Diáspora en el Caribe IX*. Santiago de Cuba.

Sánchez Guerra, José. 2004. *Los anglo-caribeños en Guantánamo (1902–1950)*. Guántanamo: Editorial el Mar y la Montaña.

FUENTES ORALES CONSULTADAS

Conversaciones y encuentros sostenidos por los autores con inmigrantes y descendientes asentados en la zona objeto de estudio:

Inmigrantes

William Morgan (jamaicano)
Denis Pike (jamaicano)
Amanda Seville (jamaicana)
John Mackenzie (jamaicano)
Merdina Mc Lawrence (jamaicana)
Walter Rochester (jamaicano)
Arnold Jackson (jamaicana)
Catalina Rochester (granadina)
Jane Mackenzie (jamaicana)
George Davis (granadino)
Dolores Renauld (St Kitts-Nevis)

Descendientes

Fernando Morgan Seville
Andrés Morgan Seville
Sixta Scott McLawrence
Lay Morgan Seville
Luis Morgan Seville
Silvia J. Jackson Mc Lawrence
Agustina Morgan Seville
Francisco Scott Mc Lawrence
Mercedes Morgan Seville

Fernando Morgan Scott
Clifford Narciso Morgan Seville
Miriam Beatriz Morgan Ruíz.

PART 3.

SYMBOLS OF WEST INDIAN MIGRATION TO CUBA

10.

The *Voice of Guaso*
Voice of the West Indians in Guantánamo

JORGE AUGUSTO DERRICK HENRY

The *Voice of Guaso* was a small newspaper born at the British West Indian Welfare Centre in Guantánamo, Cuba, on 25 December 1953, with the objective of providing information to the West Indian community about the life and culture of the English-speaking Antilleans in the territory. The paper gives information not given in books nor research articles. In its pages one can find a variety of answers to questions researchers often ask their informants, who are not always able to give precise answers.

Reading the different sections of the newspaper allows the reader to compare what is said about the West Indian community in Guantánamo with what the West Indian community says about itself. The reader will also get information about issues that are very important to amateur researchers like the author of this paper. Most books and articles provide information about the years in which certain groups migrated, from which country they moved, why they moved, how they became cheap labor or how they were discriminated against. Yet very little has been said about their success in life, about their contributions to society or about how high they reached. Schools created by the Antilleans are very rarely mentioned and, if they are mentioned, this extraordinary achievement is viewed as so unimportant that the material about it does not lend itself to a detailed analysis of the subjects taught in those schools and how these subjects prepared the new generations for a better future. The author is sure that for many, the schools only prepared the students to read a little and to be ready to write their names and fill in the myriad forms demanded by the host country. They have not been given credit for developing well-organized syllabuses in which arithmetic, English grammar, geography and the scriptures played outstanding roles in the teaching of West Indian descendants. The objective was to enable them to own their own businesses and earn admiration and respect for their work, intelligence, ambition and leadership. Their efficiency in life planning and preparation not only allowed them to lessen the effect of the hostile environment where they had decided to live but, on many occasions, gave them the opportunity to reach areas only designed for the non-West Indian community.

Undoubtedly, the *Voice of Guaso* will reveal pieces of this unwritten part of history. It was the first printed material created by a group of Anglo-Caribbean men and women in Guantánamo and the second in Cuba. The first was created in Banes, a place that should be studied thoroughly by those who are interested in the Anglo-Caribbean migration to Cuba.

DEVELOPMENT

When a great number of Antilleans decided to start a new life in Guantánamo, that part of the country was not a province. It was one of the five important regions belonging to what was at that time Oriente Province, the eastern part of Cuba. The five important regions were Guantánamo, Santiago de Cuba, Bayamo, Holguín and Victoria de las Tunas. These towns, as well as others in Cuba, all hosted West Indian settlements. In all of them West Indians lived next to the sugar mills where they were employed. But in Guantánamo, because of the US naval base offering jobs to English-speaking labour, these immigrants would live in the city with their families. Most of them lived in peripheral areas of the city, sometimes on the very outskirts, but not in the rural area. The places where they lived were improved by their presence. They brought a new lifestyle, new ways of dressing and of believing that were not common among black people in Cuba at that time.

Some of them came directly from the islands, but the vast majority had been living in Cuba for some time and were relocating to find an "easier" life, or at least to find better opportunities. They had lived in communities where owners gave them no chance to reach the cities to make a profit through their jobs, or to live with dignity. They hoped Guantánamo would become the place where their dreams would come true. Guantánamo had its own

West Indian population, which came from Jamaica, Barbados, Antigua and Barbuda, St Kitts and Nevis, St Vincent and other islands. The newcomers, the self-relocated West Indians, came from Holguín (Banes, Mayari, and Cacocum, Preston, Tacajó), Ciego de Avila (Baragua), Las Tunas (Manati), Santiago (Miranda) and Guantánamo (Los Caños, Ermita, and Soledad).

Almost all the English-speaking Antilleans that reached Guantánamo knew how to read and write and were skilled in other things. Among them you could find carpenters, masons, tailors, dressmakers, school teachers, clergy persons and mechanics. These attributes gave them lots of possibilities to start creating their own facilities and so, they founded the Catalina Lodge in 1906 and the first black English-speaking church, St Thomas the Apostle Catholic Church, in 1928. They inaugurated the British West Indian Welfare Centre in 1945 and the *Voice of Guaso*, the first West Indian printed informative material, was launched on 25 December 1953.

The *Voice of Guaso* discusses the progress made by West Indians in Guantánamo after years of hustling and struggling for a better future. It reflects a story that has not been well told.

The *Voice of Guaso* was preceded by the *Banes Star*, a weekly newspaper created by Mr Foster, director, and Mr Skelton, editor. That first English-speaking West Indian newspaper in Cuba was born in 1937 and operated for a year. It collapsed due to economic problems, but it was the first evidence that these strong-minded migrants were no *cunumuno* (fools).

Eighteen years later, the idea re-emerged at the British West Indian Welfare Centre, but this time, in order to guarantee the success of their project, Mr Foster and Mr Skelton (now living in Guantánamo) decided to put together a staff of experienced personnel eager to move onwards and upwards.

THE NEW STAFF COULD NOT HAVE BEEN BETTER

The new staff comprised Clifford Foster, Director, Jamaican; Rev. Nicholas Augustus Derrick, Editorial Advisor, Antiguan; Edmund A. Skelton, Senior Editor, Jamaican, Francis Hosford, Associate Editor, Kittitian; Vincent Sinclair, Collaborator, descendant; Alfonso Francis, Collaborator, descendant; and Charles Ward, Photographer, Barbadian.

The motto of the newspaper was "Unity Is Strength", and they were loyal to it. The composition of the staff demonstrates a unified group of diverse, committed and intelligent individuals. The first volume, on 25 December 1953, was a four-page edition, and each page had three columns. The contents of each page reflected the social life of West Indians in Guantánamo.

In most volumes, the following issues are found among many others: editorial, general news, health topic, religious notice, society news, sports, health hints, commercials, letters to the editor and education.

The publication of the newspaper was not an easy task. Very often they were forced to change printing houses because local newspapers were given priority over the *Voice of Guaso*. Another problem they faced was spelling. The printers were Cuban nationals and, although they tried their best, some misspellings were inevitable. Nevertheless, the paper was well received by the public. Every volume achieved the publication's goals. West Indians and even Cuban nationals waited anxiously for the release of each volume. The editorial staff and their outside collaborators knew the importance of what they were doing, and each new volume was designed to be better than the one before.

It is hard to determine when the paper stopped running. What is known is that the *Voice* faced difficulties when printing houses were overwhelmed with their volume of work because printers often chose to print local newspapers rather than the *Voice*. However, the few volumes at hand contain information that fills many gaps. For years I have seen researchers debating the date the British West Indian Welfare Centre was founded. I have heard of researchers discuss their interest in knowing the names of English teachers from the 1950s and the locations of different schools. All those answers and more can be found in the pages of the *Voice of Guaso*. The newspaper is not an interpretation of facts. It is a presentation of the reality the West Indian editorial staff and the paper's followers experienced. Most importantly, the newspaper depicts a more positive version of West Indians in Guantánamo than had been seen before. It shows working and creative people, not strike breakers or cheap labour. It proves that West Indians in this city became strong and capable of owning businesses, as demonstrated by Victor Swaby, the owner of the laundry El Correo de Paris, Edgar Brown, known as Bradad, owner of Riverside Bar, and Lena Grant, director of a private school that taught students from kindergarten to eighth grade.

CONCLUSIONS

The creation of the *Voice of Guaso* was a solid step forward in the lives of West Indian migrants to Cuba. It is a very important source of objective information about the life of West Indians in Guantánamo, Cuba. It presents a new perspective on West Indians in Cuba and shows that there is more to be said about the migratory movement of West Indians to Cuba, particularly in Guantánamo and its surroundings.

Four generations of Jamaicans in Banes

Interviewing Pastor Williams in Holguin

Mr Williams and his wife, Jamaican descendants in Preston

Paulette A. Ramsay with members of the Biggerstaff, Shaw and Williams families

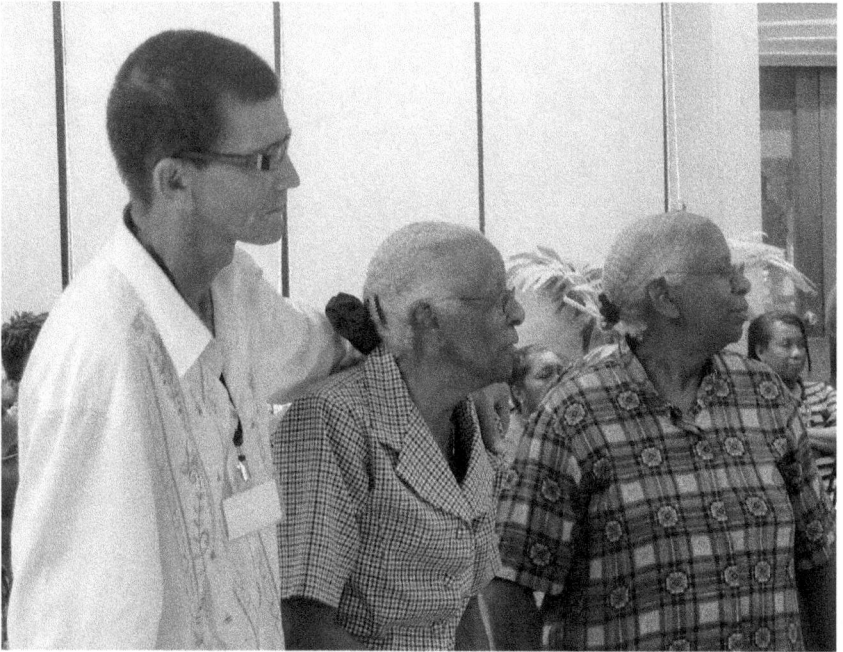

Ritchie Navarro meets some of his Jamaican relatives for the first time

Third-generation Jamaican playing his grandfather's saxophone in Banes

PRESERVING WEST INDIAN HERITAGE IN CUBA
THE ROLE OF WOMEN

11.

Género, migración e integración al espacio urbano en Guantánamo

Las inmigrantes jamaicanas de 1910 a 1958

MARIURKA MATURELL RUIZ

INDAGACIONES NECESARIAS

La movilidad humana ha sido una constante a lo largo de la historia. Desde su origen el ser humano ha experimentado sucesivos desplazamientos geográficos, con mayor o menor intensidad, a larga o corta distancia, impulsado por unas u otras motivaciones. El desarrollo teórico de las migraciones ha colocado el énfasis en las motivaciones de carácter laboral que han dado lugar a los desplazamientos humanos desde todos los tiempos.

En el caso particular de la historia del Caribe, durante las primeras décadas del siglo XX, la movilidad de fuerza de trabajo se vinculó vertiginosamente con fenómenos políticos y sociales avalados por la expansión del capital norteamericano y su proceso de internacionalización después de la Guerra Hispano-cubana-norteamericana. En este contexto se redimensionaron los destinos de las mujeres y los hombres que se desplazaron en busca de un mercado laboral prometedor, tornando complejas las relaciones sociales construidas en los espacios de destino. Fue la demanda de trabajo por parte de la industria azucarera la que condujo a un fuerte proceso de reclutamiento de mano de obra barata. Los reclutadores de braceros se aprovechaban de las condiciones sociales de las personas al ofrecerles una salida a través del hecho de migrar y apoyados en la existencia de medios legales para la contratación.

Las importaciones de braceros antillanos estudiadas hasta el momento comprenden, fundamentalmente, las enormes masas de inmigrantes de Haití y Jamaica que arribaron a Cuba a partir de 1912. Este proceso se fue perfeccionando y, poco a poco, se buscaron los contingentes de inmigrantes con las características requeridas para lograr una buena inserción en el proceso productivo de la industria azucarera (Fernández Soriano 1986, 65).

La inmigración jamaicana asentada en Guantánamo no provenía de una zona o área específica. Ciudades como Kingston y asentamientos rurales como Spanish Town, Port Antonio, Montego Bay, Saint Elizabeth o Saint Mary constituyeron algunos de los lugares de órigen de esta migración. Dentro de este grupo arribaron jornaleros, carpinteros, sastres, electricistas, maestros, ebanistas, jardineros, choferes y domésticas, en el caso de las mujeres.

En Cuba, el saldo investigativo sobre el tema migratorio en sus inicios favorecía los estudios económicos relacionados con los salarios, la calidad de vida, la forma en que los inmigrantes se asentaban en los espacios urbanos, sus impactos culturales, las redes migratorias y enlaces laborales, las características de sus residencias, entre otras. Actualmente, el prisma se ha diversificado y multiplicado, incluyendo temas relacionados con el estado de bienestar, los problemas de etnicidad y su impacto sobre las "homogeneidades culturales", y el factor lingüístico. En resumen, se han perfilado enfoques diferenciales para el abordaje de este tema de investigación (Espronceda Amor 2003, 45).

Cuando se revisan las publicaciones sobre la historiografía de las migraciones, en el periodo de la República Neocolonial en la ciudad de Guantánamo, se hace evidente la marcada invisibilidad de la mujer inmigrante jamaicana en el contexto. Además, en las escasas publicaciones que abordan el tema de la inmigración jamaicana en Guantánamo, entre las que se encuentran: *Perspectivas analíticas para el estudio de la relación inmigración – parentesco en el contexto cubano* (Espronceda Amor 2003) y *Los anglo-caribeños en Guantánamo 1902–1959* (Sánchez Guerra 2004), se observa que la mujer queda subsumida al ser ubicada en su rol materno, en las labores domésticas y en las agrícolas, como parte de sus dinámicas cotidianas. Sin embargo, formó parte importante del proceso migratorio experimentado por los jamaicanos en la ciudad.

El acercamiento al tema provoca interrogantes como: ¿Dónde están las mujeres?, ¿Cuáles fueron sus aportes al proceso de inserción al espacio urbano? ¿Cómo participaron? ¿Qué roles desempeñaban? A estas preguntas se sumaron otras durante las conversaciones con informantes clave, fundamentalmente descendientes de segunda y tercera generación de la migración jamaicana. De ahí que se convirtiera en una motivación el estudiar la mujer inmigrante y en este caso la jamaicana, pues ellas pertenecen a uno de los grupos (catalanes, chinos y jamaicanos) que más contribuyeron al desarrollo de la ciudad. Es importante destacar que en la historiografía guantanamera no consta evidencia de publicaciones en las que la mujer inmigrante sea objeto de estudio.

LA MIGRACIÓN JAMAICANA: EN BUSCA DE UN
MERCADO LABORAL "PROMETEDOR"

La fertilidad del territorio guantanamero llamó la atención de inversionistas locales y extranjeros, fundamentalmente norteamericanos, haciendo prevalecer su dominio en las diferentes esferas de la producción. Las inversiones alentadas por las órdenes militares que emitía el gobernador se dirigieron también hacia los ferrocarriles, la minería y la industria azucarera, sectores en los que se enfrentaron con la rivalidad del capital europeo, esencialmente británico. La industria azucarera fue la que recibió mayor inyección de inversiones. La compañía estadounidense Guantánamo Sugar Company, surgida en 1902 y fundada el 9 de febrero de 1905, fue la abandera en la zona. Era propietaria de las más fértiles tierras con una extensión de 2098 caballerías. Además, era dueña de los mayores centrales: Los Caños (Paraguay), Santa Isabel (Honduras) y Soledad (El Salvador) (Riquenes Herrera et. al. 2014, 23).

La Guantánamo Sugar Company se arrogaba el derecho de decidir qué personal trabajaba en sus propiedades, además de los pagos de jornales y sueldos, y del reconocimiento del tiempo de aprendizaje que podía durar cuatro años. Al culminar este período, el aprendiz ocupaba la primera vacante del ramo, siempre que tuviese la capacidad suficiente para desenvolverse. En este proceso de aprendizaje generalmente eran beneficiados los migrantes de habla inglesa, lo que aumentaba las molestias de cubanos y de migrantes de otros grupos que estaban en desventaja por no dominar el idioma.

En 1913, el presidente José Miguel Gómez acordó permitir que un número de cubanos y las compañías azucareras de América del Norte importaran miles de trabajadores negros de las colonias británicas, holandesas y francesas del Caribe. La mayoría de los negros inmigrantes provenían de las islas cercanas de Haití y Jamaica, si bien cientos de trabajadores negros de Barbados, Curazao, Trinidad y Tobago, Santa Lucía y Granada arribaron a su vez a Cuba para cortar, cargar y transportar caña además de trabajar en las fábricas de molinos. Los censos cubanos indican que los trabajadores haitianos y jamaicanos componían la mayoría de todos los inmigrantes negros caribeños en Cuba (Howard 2014, 25).

Las inversiones del capital norteamericano se convirtieron en la vía para afianzar el poder político. De 1912 a 1914, las inversiones en la industria azucarera trajeron consigo el aumento del latifundio, lo cual estuvo vinculado a la Primera Guerra Mundial. Así en 1914, la firma estadounidense Guantánamo Sugar Co invirtió capital en los centrales Isabel, Los Caños y Soledad; La Santa Cecilia Sugar Co., invirtió en el central Santa Cecilia; y La Confluente Sugar Co., en el central Confluente. Con esto se agudizó el problema de la escasez de brazos para efectuar tanto las labores agrícolas como las industriales, que se solucionó introduciendo braceros antillanos por la Nipe Bay Company, máscara de la United Fruit Co., que contaba con autorización del gobierno de la República de Cuba (Sánchez Guerra 2004, 15).

La necesidad de mano de obra barata impulsó para 1915 a "la Compañía Azucarera de Guantánamo a adquirir más de unas pocas naves para abastecer a cientos de trabajadores extranjeros negros para sus fábricas: Isabel, Los Canos y Soledad, para aprovechar sus propiedades, que sumaron más de 100 000 acres de caña de azúcar. La sabiduría común era que, si una empresa tenía su propia flota de barcos de pasajeros, el costo de competir con otras compañías para el trabajo se reduciría drásticamente" (Howard 2014, 63).

La existencia del tiempo muerto en las labores azucareras favoreció la migración estacional en los asentamientos más próximos. Allí, los radicados de forma permanente y los temporales constituyeron una red de pequeñas localidades vinculadas a la actividad azucarera. Como consecuencia, ocurrieron diferentes movimientos migratorios internos procedentes del occidente, desde donde comienza a llegar fuerza de trabajo. Dicho proceso condujo a una redistribución laboral y geográfica de la población de inmigrantes, con la que se acentúo la división entre las clases sociales, manteniéndose la segregación por raza, etnia y nacionalidad. En este aspecto las diferencias raciales y étnicas ponían a ciertos inmigrantes en una posición de vulnerabilidad ante los abusos físicos y violencia generada por la ideología de dominación que las compañías azucareras habían construido. Los actos de intimidación antiinmigrantes eran comúnmente engendrados por la simple presencia de migrantes en suelo cubano.

El precio del azúcar en el mercado mundial se elevó entre 1914 y 1918. Cuba no estaba en guerra y tenía reservas, por lo que ocupó mercados vacantes. Este auge llevó como nombre la Danza de los Millones, pero al cesar las operaciones bélicas el 11 de noviembre de 1918, esto representó un freno súbito a la especulación azucarera mundial, comenzando una crisis que también afectó a Cuba por encontrarse involucrada (1920–1933). Esta crisis tuvo dos momentos, uno de 1920 a 1922 y otro de 1929 a 1933.

Iniciada la crisis en 1920, ya se habían invertido grandes sumas de dinero en la red comercial, y para entonces, los prestamistas comenzaron a exigir su rápida reposición, sin poderlas recuperar. Los dueños de establecimientos eliminaron todo tipo de facilidades de apoyo, lo que hizo que la clase más pobre se viera impedida de adquirir productos en los centros comerciales. Con la crisis económica disminuyó el tráfico ilegal a través de la base naval. La rama del comercio interior disminuyó considerablemente sus actividades por la crisis interna que padecía Estados Unidos, lo cual provocó una bajada en el precio de artículos de quincallería y el cierre de varios establecimientos.

Una vez que los braceros negros caribeños llegaron a Cuba, sus experiencias se parecían a los de sus antepasados esclavizados un siglo antes. El trato recibido por los funcionarios marcó un proceso de degradación racial y social en Cuba. Según el historiador José Sánchez Guerra, se "calcula que entre 1902 y 1934 llegaron a Guantánamo 26 000, aproximadamente, y se quedó en el 50 % después de terminar los contratos a los que estaban sujetos por las compañías empleadoras" (Sánchez Guerra 2004, 17).

A pesar del engaño de las compañías azucareras que les ofrecían un mercado laboral prometedor, muchos inmigrantes se instalaron en la ciudad vinculándose con el resto de la población. Así consolidaron núcleos familiares que desde las iniciativas privadas posibilitaron el fortalecimiento de una conciencia de lo urbano y el mejoramiento de la imagen del paisaje de la ciudad, a partir de la integración en diferentes renglones de la economía en la ciudad, de la transmisión de diferentes prácticas culturales, y de la adaptación de la vida cotidiana. La conformación de Sociedades Culturales incentivó el interés por la creación y mantenimiento de una estrategia de supervivencia y cooperación en los marcos de su comunidad étnica y cultural.

RELACIÓN GÉNERO Y ESPACIO URBANO EN LA
INTEGRACIÓN DE LAS INMIGRANTES JAMAICANAS

Los debates sobre el tema de la mujer en el espacio urbano se sostienen en el supuesto de que la invisibilidad de las mujeres dentro de las ciudades ha producido barrios, calles y servicios inapropiados e inaccesibles para las necesidades de las mujeres; aunque de alguna manera, también, las coloca en el espacio urbano y en la esfera social (Massey 2012, 37). Las mujeres en la vida urbana han desafiado los ideales del universo masculino, en la medida en la que han ampliado sus percepciones, han construido lazos de pertenencia al espacio, y han evidenciado su capacidad de agencia para transformar las condiciones de subordinación y opresión en las que han intentado mantenerlas.

Las mujeres jamaicanas, junto a los hombres y sus familias, se insertaron en una sociedad donde históricamente ellas se asociaron a dicotomías legitimadas que operan entre los binarismos: público-privado y trabajo-hogar; entre otras. Estas dicotomías situaron a las mujeres dentro de un proceso de socialización de saberes y de adaptación al espacio a través de los roles que asumieron o les fueron asignados dentro de las instituciones sociales, culturales y religiosas que se instituyeron; en el mercado laboral como domésticas, trabajadoras agrícolas, maestras (mediante la enseñanza del idioma inglés); en la educación de los hijos e hijas y sostén del hogar y de las tradiciones; pero sobre todo a partir de su contribución en la creación y mantenimiento de asociaciones de ayuda mutua.

La inmigración jamaicana se las ingenió para insertarse, entre lo público y lo privado, en los diferentes espacios de sociabilidad construidos en la ciudad de Guantánamo. Por la propia dinámica del proceso migratorio, al tiempo que se configuran y reproducen social y económicamente las redes migratorias, apoyadas en un fuerte carácter semi-cerrado de socialización, aportaron mucho a los marcos de su comunidad étnica y cultural, así como al mantenimiento y puesta en prácticas de estrategias de supervivencias y cooperación. Este carácter puede explicarse con la existencia de un "espíritu de comunidad o gueto" que permaneció durante largo tiempo y contribuyó a conservar tanto el idioma inglés como otros patrones culturales, de modo que muchos de aquellos jóvenes se casaron y constituyeron familias con parejas de su propia nacionalidad (Eiranova Cuza 1994, 111).

Aquí el espacio se nos presenta como una construcción social donde las diferentes historias de los sujetos se entretejen junto a la producción de fenómenos culturales. La significación espacial de dichos sujetos depende tanto de la evolución de las sociedades como de la percepción del espacio por los individuos que se desplazan. El espacio "socialmente producido es una estructura creada, comparable a otras construcciones sociales resultantes de las transformaciones de determinadas condiciones inherentes a la vida, exactamente de la misma manera que la historia humana representa una transformación social del tiempo" (Soja 1993, 16).

Esta comunidad de migrantes también incidió en la trasformación urbana[1] de la ciudad, no solo desde su interacción con los procesos sociales, económicos y culturales, sino también con su participación en los cambios de las estructuras urbanas y territoriales desde la reproducción de instituciones sociales propias de las colonias británicas. Entre ellas se encontraban las iglesias en las que las mujeres a través del Comité de Damas Auxiliares participaban en la evangelización de los niños, realizaban de actividades religiosas, asistían a los desvalidos, arreglaban los altares, y organizaban reuniones y festividades. También en las logias se crearon las Cámaras para la ayuda mutua y la recreación, donde las mujeres coordinaban actividades.

De igual modo, se destacan, la Cámara de Mujeres Capítulo de Reinas No. 1; la sociedad La Cruz Negra, presidida en 1930 por Mary Francis y Angelina Mac-Cleunon, una organización humanitaria de ayuda mutua que recolectaba recursos materiales para socorrer a las personas desvalidas de la comunidad anglo-caribeña; el Salón de Recepciones de la Logia "La Catalina"; la Logia Fisherman; el Colegio de Richard Jones; la escuela Antillana Británica, que pertenecía a la Iglesia Episcopal; la creación de sociedades de ayuda y protección conocidas por Good Will; asociaciones como Eureka o Self-Help Society; la Unión Nacional para el Adelanto de la Raza Negra (UNIA); la Sociedad Feminista La Cruz Negra y la British West Indies Walfare and Recreation Centre (CENTRE) (Espronceda Amor 2003, 63–64).

La vinculación de las mujeres migrantes y autónomas al mundo laboral era limitada tanto en términos de acceso como de promoción dentro de las estructuras que legitiman el mercado de trabajo, al cristalizarse presunciones y creencias que le atribuyen el cuidado de los hijos/as y las tareas del hogar. Esto se convierte en un obstáculo que, como consecuencia de la división sexual del trabajo, las coloca en una posición de desigualdad y de dominación con relación a su homólogo, al recaer sobre ellas las responsabilidades familiares. En este sentido, la dicotomía trabajo-hogar se inclina hacia las desigualdades. El hogar jamaiquino se caracterizó por la unidad familiar en torno al padre. La ausencia temporal de la cabeza de familia, obliga a las mujeres a desempeñar un papel más activo en los hogares, y realizar tareas a las que no estaban acostumbradas, lo cual obliga a reorganizar el horario de ocupaciones, e influye en el proceso de socialización de los hijos, y en ocasiones, es causa de problemas psicológicos. (Sánchez Guerra 2004, 14)

La movilidad laboral supone para el migrante su inserción en una nueva estructura de producción, lo cual genera la ruptura de su marco tradicional y la inserción en la estructura de clases de la nueva realidad. Ser mujer, de clase trabajadora y de origen inmigrante, o de una nacionalidad determinada, supone experimentar diversas formas de diferencia y de discriminación que lejos de ser secuenciales o sucesivas,actúan de forma simultánea y las sitúa en una situación de "vulnerabilidad social", al margen de los rasgos individuales de estas mujeres y en el contexto de las características estructurales de la sociedad receptora (Solé et al. 2009, 3).

La posición laboral de las mujeres inmigrantes se ve afectada por las restricciones de una estructura ocupacional sexualmente segregada, en la que las mujeres obtienen más bajos salarios, menor estabilidad y menos oportunidades de promoción que sus homólogos masculinos, independientemente de su capacitación (Solé et al. 2009, 20). En este sentido en el grupo de migrantes jamaicanos, las mujeres que realizaban las labores agrícolas se colocaban en una posición de desventaja al ganar 0.20 ctvs. menos que los hombres que devengaban salario de un peso diario, en una jornada de doce horas. Las mujeres sólo percibían 0.80 ctvs. Estas desyerbaban, limpiaban y recogían el cogollo para los animales; se levantaban de tres a cuatro de la madrugada a preparar el desayuno y el almuerzo. "[. . .] los hombres que lograron empleos estables estaban mejor remunerados en las cabeceras de los municipios de Guantánamo, Yateras, así como en Caimanera. Laboraban en el enclave militar norteamericano, el comercio, empresas nacionales y foráneas, el ferrocarril o desempeñan oficios particulares" (Sánchez Guerra 2004, 9).

En el caso de los braceros inmigrantes, estaban sometidos a largas jornadas laborales, pésimamente retribuidas, en las que la administración del Central siempre violaba la cuota mínima de salario establecido en el mercado de fuerza de trabajo nacional. Esta violación se realizaba frecuentemente por medio del salario real y no del nominal, como han establecido algunos autores. O sea, la única posibilidad de incrementar la ganancia es por el abaratamiento forzado del salario real nominal, según lo permita la coyuntura política y económica del momento, de la fuerza de trabajo no calificada (Fernández Soriano 1986, 68).

El trabajo sexual (prostitución) es otro de los espacios de inserción de las migrantes en una ciudad donde los marines estadounidenses generaban una gran circulación de dinero en los días de franco. Con la presencia del enclave militar se incrementó de forma gradual este fenómeno. Quizás este fue el pretexto para las visitas de los francos a Caimanera y Guantánamo; pues los marines estaban sometidos a un reglamento militar que les impedía el contacto con la población civil por mucho tiempo. Era evidente que al llegar los días de franco saciaban sus deseos sexuales en los burdeles de la zona de tolerancia, *El Bayamo*, como la población lo denominaba, ubicado espacialmente en las proximidades del lugar de asentamiento de los jamaicanos, por lo que no podemos obviar los marcados porcentajes de prostitución entre jamaicanas, como se señala en varios trabajos sobre el tema (Lamar 1923; De Dios Noris 2004).

La cultura familiar practicada en las islas de origen hacía de las mujeres inmigrantes hábiles amas de casa, costureras, bordadoras, cocineras-reposteras, etc. Eso les permitiría lograr un alto índice de ocupación. Las mujeres de habla inglesa que fueron empleadas para realizar labores domésticas lo hacían especialmente para los empresarios y técnicos norteamericanos residentes en los centrales azucareros. Además, unas pocas ejercían como maestras de idiomas para los niños de los inmigrantes nacidos en la Isla, otras eran comadronas, enfermeras, o realizaban otras labores. Al igual que el resto de los migrantes angloantillanos, los provenientes de Jamaica poseían un alto grado de calificación como obreros (Chailloux Laffita 2007, 59–62).

Un aspecto significativo que los identificó era el nivel de instrucción que poseían. Los jamaicanos generalmente sabían leer y escribir. Por tanto, los antillanos ocuparon importantes puestos laborales ya que entre otras funciones hacían de intermediarios entre los dueños y los asalariados. El uso de la lengua no solo le facilitó las comunicaciones, sino también los convirtieron en la mano de obra idónea para los trabajos que se realizaban en el enclave militar. La presencia jamaicana, unida a la permanencia de la base naval, propició un intercambio comercial de ciertos materiales de la construcción y de desconocidas técnicas en el país que han sido localizadas en Guantánamo y en menor medida en algunos barrios de Santiago de Cuba como: "chapas de metal troqueladas que imitaban las más bellas cornisas, frisos, pretiles y hasta capiteles" (Donatién et al. 2010, 30).

Las mujeres jamaicanas durante el régimen Neocolonial se enfrentaron a situaciones difíciles, derivadas de la exclusión jurídica y social que implica ser inmigrante, mujer y además negra. Participaron así junto a los hombres de la comunidad pero por partida triple en el proceso de construcción social de desigualdades, exclusión y discriminación.

A MODO CIERRE

En resumen, el relacionamiento de las categorías espacio, migración y género ofrece nuevas lecturas, que si bien no son miradas acabadas sobre el tema, nos conducen a entender que el espacio urbano sirve de punto de encuentro para que los procesos migratorios sean analizados desde una perspectiva de género a través de cuestiones tan complejas como: la segregación racial y social, los espacios laborales, la familia, y muchos otros. Además, esto nos permite repensar el proceso de integración de las migrantes jamaicanas en la ciudad de Guantánamo.

Entre las estrategias de inserción en el espacio urbano utilizadas por las mujeres jamaicanas estuvieron: la construcción de espacios de socialización; los roles que asumieron o les fueron asignados dentro de las instituciones sociales, culturales y religiosas que se instituyeron y en el hogar con la educación de los hijos e hijas, y en las agencias puestas en práctica para vincularse en el mercado laboral como domésticas, trabajadoras agrícolas, maestras (mediante la enseñanza del idioma inglés).

NOTA

1. Entre las transformaciones urbanas más importantes ocurridas en la ciudad de Guantánamo se encuentra el acelerado proceso de expansión urbana a partir del surgimiento de nuevos barrios y la expansión de otros preexistentes, como consecuencia del considerable incremento poblacional que se verificó

en aquellos años. El crecimiento urbano estuvo regulado en los artículos que sobre el tema se describen en la Ordenanza de 1909, donde se establecieron los perímetros para construir: urbanizado y el de población. En el de Población y en otros barrios ya existentes se ubicaron los obreros: braceros (jamaicanos) en Mercado (Loma del Chivo) y los ferroviarios en Bano (Carril) y en Caridad (España Chiquita). La población con escaso recursos se asentó, principalmente, en Gobierno (sobre todo en la zona de tolerancia) (Maturell Ruiz 2015, 43–45).

LISTA DE REFERENCIAS

Chailloux Laffita, Graciela, ed. 2007. *De dónde son los cubanos*. La Habana: Editorial de Ciencias Sociales.

De Dios Noris, Marilis. 2004. *Efectos de la presencia de marines yanquis en la ciudad de Guantánamo (1903–1952)*. Tesis de Master en Estudios Cubanos y Caribeños. Universidad de Guantánamo.

Donatién, Ileana, Odalys Tablada, Danae Lobaina, y Eusebia Sánchez. 2010. *Las huellas de un genio*. Guantánamo: Editorial el Mar y la Montaña.

Eiranova Cuza, René. 1994. "El destino de los inmigrantes caribeños de habla inglesa", en Del Caribe, no. 23:110–111.

Espronceda Amor, María Eugenia. 2003. "Perspectivas analíticas para el estudio de la relación inmigración – parentesco en el contexto cubano" Antropológicas, no. 7:45–75

Fernández Soriano, Armando.1986. "La migración puertorriqueña a Cuba (1898–1915)." *Del Caribe* 2, no.6:65–73.

Howard, Philip A. 2014. "Treated Like Slaves: Black Caribbean Labourers in the Modern Sugar Industry, 1910–1930." *Journal of Caribbean History* 48, no. 1/2:25–63.

Lamar, Hortensia.1923. "Lucha contra la prostitución y la trata de blancas". Revista Bimestre Cubana, 18:128–140.

Massey, Doreen. 2012. *Un sentido global del lugar*. Barcelona: Editorial Icaria.

Maturell Ruiz, Mariurka. 2015. Las transformaciones urbanas en la ciudad de Guantánamo de 1900 a 1930." Tesis de Master en Estudios Cubanos y Caribeños. Universidad de Guantánamo.

Riquenes Herrera, Ricardo Rey, et al. 2014. *Guantánamo republicano*. Documento inédito.

Sánchez Guerra, José. 2004. *Los anglo-caribeños en Guantánamo 1902–1959*. Guantánamo: Editorial el Mar y la Montaña.

Solé Puig, Carlota, Sònia Parella Rubio, Enrique Ortega Rivera, Enrique, Iskra

Pávez Soto, y Marc Sabadí Brugués. 2009. *Las trayectorias sociales de las mujeres inmigrantes no comunitarias en España. factores explicativos de la diversificación de la movilidad laboral intrageneracional.* Barcelona: Universidad Autónoma de Barcelona.

Soja, Edward W. 1993. *Geografias pós-modernas: a reafirmação do espaço na teoria social.* Rio de Janeiro: Zahar Edição.

12.

Silence, Struggle and Triumph

Eva Lewis's Migration Story

DARRELSTAN FERGUSON

The Department of Modern Languages and Literatures at the University of the West Indies, Mona campus, hosted its first Cuban–West Indian symposium on 28 and 29 June 2018. It was an appropriate, necessary and productive foray into the insufficiently studied – yet significant – anglophone Caribbean heritage in Cuba. There is a sizeable concentration of Cubans, predominantly in the cities of Camagüey and Guantánamo, who bear this dual cultural identity because of the history of intra-regional migration in the Caribbean. One of the most obvious reasons for this was the demand for labour during the construction of the US military base in Guantánamo Bay in the latter part of the twentieth century. Though the majority of these West Indian descendants have Jamaican roots, with one community in Guantánamo named Jamaica (to show how deep these roots go), the islands of St Kitts and Nevis, St Vincent and the Grenadines, Trinidad and Tobago, and Barbados are also important cultural signifiers that mark these Cubans' stories as unique and worthy of documentation.

The symposium aimed to provide an audience for said Cubans to reflect on the significance of their stories by sharing them through personal memory, historical artefacts, sociological data, academic literatures and other media. It did not foresee that it would be the catalyst for the reunion of one Cuban family with its long lost Jamaican counterpart. As soon as they arrived in Kingston, Jamaica, on 22 June 2018, Enrique and Roberto Lewis Golbourne seized the opportunity to reunite with their estranged family members, particularly a brother they had never met. Their mother,

Eva Lewis, had migrated from Jamaica to Camagüey, Cuba in the mid-1900s, leaving her kindergarten-aged son, Dudley Whyte (to whom she never returned), in the care of her sister. The first attempt to find their sibling started in 2003–2004, when one of the eight Lewis siblings was visiting Jamaica on a diplomatic occasion similar to Enrique's and Roberto's. After scouring through a telephone directory and making several phone calls, this sibling was able to connect with a woman who might have been his aunt, his Jamaican brother's guardian. On sharing his story with her over the phone, she requested a photo of Eva Lewis – her sister – along with her children's names, in order to ensure that she was not being scammed. She renounced all doubts when the sibling was able to provide the startling evidence. Some fourteen years later, she would welcome two more of the Lewis brothers and introduce them to their older brother, Dudley.

THE STORY OF EVA LEWIS

Eva Lewis was born in St Andrew, Jamaica in 1926. At the time of my interview with the two Lewis brothers on 29 June 2018, she was ninety-two years old. She had become somewhat of a spectacle in Guantánamo where she now resides, having moved there from Camagüey – where she first landed over six decades ago – to be with her husband. The Lewis brothers showed me a six-minute Cuban television documentary feature in which Eva Lewis recalls precisely that she arrived in Camagüey with a female cousin at 1:00 p.m. on 29 August, but neglects to disclose the year she landed. She continues to recall that her father sent her to this new place – which she immediately disliked and wished to leave – to spend time with an aunt who had already migrated from Jamaica and settled in the city. She claims that she had every intention of returning to Jamaica, but soon found love in a fellow expatriate, Henry Lewis, for whom she subsequently bore eight children. Eva does not mention in this documentary that she had left a young child behind in Jamaica.

Some of the details of Eva Lewis's story are equivocal, but perhaps this is what makes it so intriguing. First, there is no unanimous agreement on what age she was when she left Jamaica, but the two Lewis brothers – Enrique and Roberto – estimate that she left when she was between eighteen and twenty-six years old. Similarly, it is uncertain exactly how old her son was, though the Lewis brothers estimate that he was five years old. Because of Eva's silence over the years, no one knows precisely why her father sent her to Cuba without her son. While the Lewis brothers confirm that their mother did wish to return to be with her first son, they contend that too many odds were stacked against her, as she had neither the economic means to return nor did she want to abandon her newly established family. They are not optimistic that they will ever know their mother's full migration story, since her advanced age and her senility, exacerbated by Alzheimer's disease, have compromised her memory.

The pockets of silence in Eva's story lead one down a forked path of guesses and assumptions. There is no doubt that silence often speaks louder than words. On the one hand, we could posit that Eva has refrained from telling her story in full because it is simply too painful to remember. Forgetting, or at least the feigning of it, therefore becomes a useful recourse in dealing with a troubled and unforgiving past. On the other, somewhat sceptical, hand, we may read Eva's silence as apathy to her circumstances, a story she deems insignificant, a past she no longer cares about. In our personal interview, Roberto attests to asking her why her father sent her to Cuba. He says that his question was not met with any earnest response. Acting on her personal right, then, Eva seems to have chosen which parts of her story she wants to serve as familial and public knowledge and which parts she wishes to keep private. She never kept silent about her son in Jamaica, however, as the Lewis brothers remember hearing her tell stories about him. They say that, over the years, they developed an increasing desire to meet him. Enrique states in our interview that even though there was no epistolary or photographic connection between them and their abandoned half-brother, they always felt a moral obligation to reach out to him someday.

THE MIGRANT WOMAN'S STRUGGLE

As unique as Eva's story might sound, it is laced with strands of commonality that run the gamut of afflictions that migrant women often face in the land of the foreign. In the case of the Caribbean woman, with her attractive physique and industrious character, she becomes at once prized possession and magnet for misfortune under the foreign patriarchal gaze. In her documentary feature, Eva's face gleams almost boastfully when she remarks about finding love and favour in Henry Lewis and becoming the mother of their eight children, but she soon turns sullen when she laments his abandonment of the family which relegated her to the strenuous role of a single mother. Because she was a housewife, her only real source of income was government hand-outs, which, amazingly, was enough to provide for all of her children alongside further aid in the form of academic scholarships. In our interview, the two Lewis brothers recall with admiration their mother's strength and tenacity in raising her eight children who, as soon as they came of age, began to financially contribute to the family to ease their mother's burden. As much as she needed their financial help, they needed her as a source of emotional stability, cultural reservoir, spiritual fort and domestic caregiving. In their father's absence, their interdependence grew exponentially, and the Lewis brothers remark that even today, they have remained an extremely close-knit family.

In more ways than one, Eva's story reminds us of the world of fiction. Time after time, the literary critic must reckon with the blur between fiction and non-fiction, narrative and memoir, especially since Caribbean prose fiction on migration often begs to be read through a(n) (auto)biographical lens. One prominent text that forms part of the canon of Caribbean fiction on migration, and which features the female migrant as a subject of silence enduring personal afflictions, is Paulette Ramsay's *Aunt Jen* (2002). Though Ramsay declares in one interview that her novel is only loosely based on her own life story, we glean that the Caribbean experience almost forcefully desires to be transfigured into art. Ramsay's protagonist, Sunshine, is an abandoned child confined to the epistolary space in which she seeks to ascertain details of her mother's migration story and forge a maternal connection with her. She writes and writes and writes, but none of her letters are met with a response from Aunt Jen – her Jamaican mother in England who left her in the care of her grandmother in her formative years – except for one. Like Eva's silence, Aunt Jen's reverberates tellingly in this cross-cultural space, so much so that a sort of polyphonic effect is achieved and, like Sunshine, we soon find ourselves trapped in limbo, decoding silence like matrices. In the end, we know nothing about Aunt Jen for certain, but we suspect that she is subject to the fatal stranglehold of patriarchy, particularly when Sunshine enquires in one of her letters about the veracity of her being controlled by a man. We come so close to, yet remain so far from this mother estranged in a remote land. But we leave the novel feeling a strange sense of affinity for her in the same way that, on tracing Eva's story, we begin to see her not as an isolated case, but as a representative for many, and therefore emphathize or even identify with her.

The struggle of the migrant woman is not just personal; she inevitably finds herself at odds with a culture that is not her own. Jamaica and Cuba are only about two hundred miles apart and, despite their shared history of slavery and colonization, the two islands are quite distinct in nature and culture. One only needs to consider the language barrier to explain this. Hence, it is no wonder that when Eva reflects on her early days of migration to Cuba in her documentary, she scoffs at how distasteful she found Cuban food to be, because "Cubans cook with water". Over the years, however, Eva acquired a taste for Cuban cuisine and learned the Cuban style of cooking, and now she boasts about not being able to cook without water and regularly preparing a dish of black beans, which she once considered unclean because of how different they were from Jamaican red peas. She also recalls feeling lost and confounded by the Spanish language that she heard all around her, but now she feels confident in calling herself completely Cuban. Still, the average Cuban would be quick to recognize her as an expatriate, especially because flawed Spanish grammar regularly appears in her speech. But she speaks fluently and can effectively communicate all her ideas in Spanish; fluency, after all, does not require perfection. At the end of her documentary feature, Eva sings a folksong from her mother country in a perfect Jamaican accent: "Mongoose go inna Bedward kitchen / Tek out one o' him big fat chicken / Put it inna di." After several decades of separation from her native land, she manages to retain a sense of Jamaicanness. Enrique and Roberto say they grew up learning a great deal about Jamaica from her, including the native tongue, Patwa, and the official language, English. Because she assimilated Cuban culture but never renounced her Jamaican culture in the process, Eva's double consciousness becomes her legacy. She reasons that she will die and be interred in Cuba because the time she has spent there far exceeds her time in Jamaica. And who can blame her if she feels more attached to Cuba, especially considering Roberto's poignant remark that he does not consider his mother's story to be one of migration as we know it, but a sort of exile, rupture and uprootment. In the end, it would seem that Eva has reconciled both her identities by finding agency in self-definition, and that hers is not just a story of struggle, but also triumph.

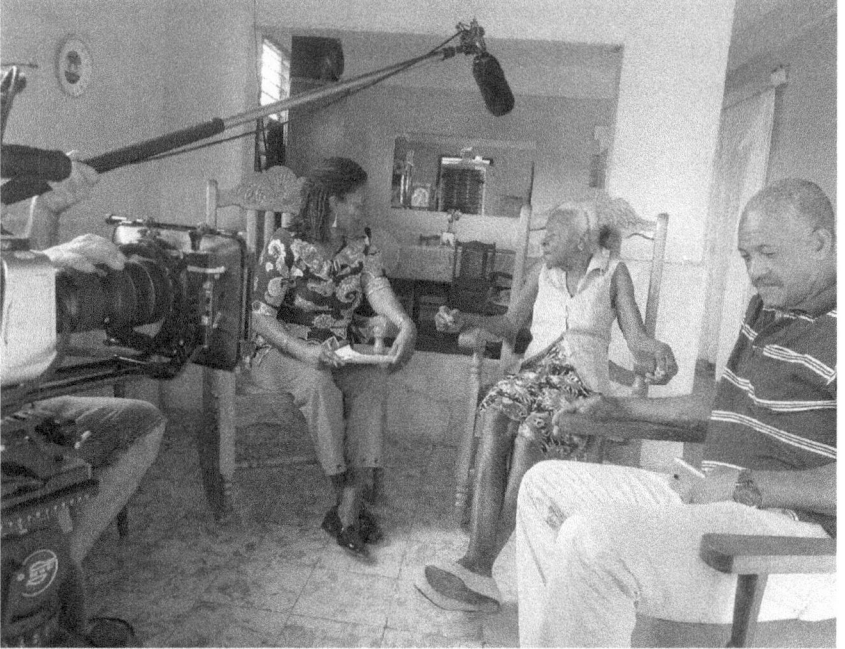

Ivy Lewis and her son with Paulette A. Ramsay

The sons of Ivy Lewis who meet the family of their Jamaican mother during the symposium

PART 5

THE ROLE OF MEMORY IN PRESERVING WEST INDIAN HERITAGE IN CUBA
TESTIMONIALS

13.

Tras las huellas de un descendiente, George Astor Andrews

JORGE NELSON ANDREWS THOMAS

INTRODUCCIÓN

Hay sucesos que son determinantes en la formación y desarrollo de un país o una región en particular. En el caso del oriente cubano, las dos primeras décadas del siglo XX fueron testigos de un movimiento de personas por encima de lo habitual, hombres de piel oscura que bien pudieran pasar por cubanos, pero se diferenciaban por un detalle ¡el idioma! Sí, estos hombres hablaban en una lengua diferente a la nuestra, procedían de diferentes islas, algunas cercanas y otras bien alejadas; pero tanto unos como otros venían con el mismo objetivo, trabajar en Cuba para hacer fortuna y luego regresar a su país de origen.

Mi historia es una de las tantas que se pueden escribir a partir del proceso migratorio que procedente de las Antillas tuvo como destino final: Cuba. Este proceso migratorio que separó a muchas familias, algunas temporalmente y otras de forma definitiva, forma hoy parte de la historia de este país, porque si algo está demostrado es el aporte de los anglocaribeños al desarrollo económico, social y cultural de la isla mayor de las Antillas.

En este caso en particular, me sentí en la obligación de escribir o más bien describir la historia de la vida de una familia, pero resaltando la de un miembro en particular. Me cautivaron las anécdotas y peripecias que me contaron primero el padre y luego sus hermanos a partir de mis preguntas respecto a algunos detalles de su vida ¿Dónde nació? ¿Cómo fue su infancia? ¿Por qué vino a vivir para acá? Estos y otros relatos les permitirán a ustedes tener una idea aproximada de todas las dificultades que tenían que pasar los inmigrantes para sobrevivir en un medio por lo general hostil. Por un lado, estaban la difícil situación económica y social del país, y las leyes gubernamentales. Por el otro, la población, que en ocasiones veía en estos inmigrantes un rival en la lucha por sus demandas sociales.

Por todo lo anteriormente abordado, se hacen necesarios encuentros como éste, para que se conozca la historia no contada, la que no aparece en los libros, pero que es real y merece ser conocida y difundida. Ese es el legado de esta generación para las futuras generaciones, y créanme que el sacrificio vale la pena.

DESARROLLO

Desde adolescente tuve inclinación por la lectura, aunque reconozco que la preferencia siempre ha sido por los relatos históricos. De ahí que no fuera una sorpresa que al terminar mis estudios preuniversitarios seleccionara la carrera de Historia en la Universidad de Oriente, que se encuentra ubicada en la provincia de Santiago de Cuba. Desde los primeros momentos me di cuenta de que la historia de Cuba tenía deudas con momentos de su desarrollo, y uno de esos momentos es el capítulo relacionado con la presencia anglo caribeña en Cuba y su aporte a la economía, sociedad y cultura.

En mi casa se hablaban dos idiomas: inglés y español; el único que no lo hacía era yo. También se comía, sobre todo los fines de semana, comida muy condimentada y mientras se elaboraban los alimentos toda la conversación era en inglés. Recuerdo que los domingos nos visitaba un señor mayor. Todo parecía indicar en sus buenos tiempos haber sido un experto, pues preparaba platos raros y se los brindaba a las personas llegadas a la casa. Tal fue mi curiosidad que un día le pregunté a uno de ellos y me contestó . . . Ese que tú ves ahí, es mi papá. Nació en Jamaica, y su nombre es William, en español Guillermo. Llegó a Cuba hace muchos años, a principios de siglo, y se asentó en la zona de Banes.

Aquella revelación me impactó de tal forma que desde ese instante quise y me propuse conocer, lo más detalladamente posible, todo lo relacionado con la presencia de los miembros de aquella familia en particular en Guantánamo. De lo que pude recopilar, surgió la historia que a continuación les revelaré.

El señor William Andrews llegó a Cuba procedente de Jamaica en la segunda década del siglo XX, aunque nunca he podido precisar el año exacto. Lo cierto es que se asentó como muchos otros en la región de Banes, en el noreste de la antigua provincia de Oriente. Llegó solo y en busca de mejora económica, ya que en su querida Jamaica había dejado a su esposa Gertrude Richards, al pequeño Claudio y en el vientre de la madre a René.

Siempre contaba con mucho orgullo que había pertenecido a la Armada real durante la Primera Guerra Mundial, con el grado de cabo. En realidad, nunca pude imaginármelo combatiendo, pues era bastante holgazán. Probablemente fuera miembro de la reserva, pero era algo que recordaba con gran orgullo

Desempeñó algunos trabajos para buscarse la vida sin mucha suerte hasta que se produjo el reencuentro. La señora Gertrude, con dos pequeños en brazos, hizo la travesía Jamaica-Cuba y lo encontró. De ese reencuentro nacieron 6 hijos más: 4 varones y 2 hembras. Dura fue la vida familiar, pues duros eran los tiempos de la República. Y iba quedando atrás el periodo de las vacas gordas, y el hambre volvía a estar presente en los hogares cubanos.

Bajo el gobierno de Gerardo Machado la situación se puso difícil, por lo que Gertrude tuvo que salir a buscar trabajo, mientras William se quedaba en casa cuidando a los muchachos. Esta dura situación fue debilitando el organismo de Gertrude poco a poco, a tal punto que poco tiempo después cayó seriamente enferma. No obstante, las circunstancias reales de la vida no dejaban lugar al descanso, y pese a no estar ni en un 50 por ciento recuperada, Gertrude tuvo que volver a trabajar, solo que este esfuerzo supremo tuvo fatal resultado.

Las fuerzas le fallaban continuamente, lo que la obligaba a coger un descanso cada vez más prolongado hasta que finalmente las pocas energías que tenía se fueron extinguiendo. Pese a los esfuerzos médicos, Gertrude Richards falleció dejando a ocho chicos todavía pequeños para enfrentar la vida al cuidado de Dios y de su padre. Este triste acontecimiento marcaría por siempre la vida del protagonista de esta historia, caracterizada por constantes cambios en su afán de alcanzar algún día la estabilidad necesaria para reorganizar y garantizar su subsistencia.

UNA NIÑEZ DIFÍCIL

George Astor Andrews Richards nació en Banes, antigua provincia de Oriente, el 28 de noviembre de 1922, aunque la fecha de asiento en el registro civil fue en mayo de 1923. Según consta en la inscripción con tomo: 27 y folio: 190, fue el quinto de ocho hermanos. Después nacerían Verónica, Rolando y Carlos. La infancia del pequeño George fue dura, como la de muchos niños de la época, porque en la mayoría de los hogares pobres el panorama era parecido: una familia numerosa y pocos ingresos. Esta situación se agudizaría según crecían, pues garantizar cada día el sustento familiar era una odisea.

Ante tal panorama, no es difícil imaginar que el pequeño George no pudo disfrutar de una buena educación, solo pudo asistir a la escuela hasta quinto grado. El resto de la enseñanza fue en el hogar, donde lo que mejor aprendió fue el idioma, que era obligatorio desde que se levantaba hasta que se iba a la cama. Lo mismo ocurrió con el resto de los hermanos, con los que pasaba la mayor parte del tiempo, ya fuera en juegos o algún quehacer hogareño.

El pequeño creció viendo cómo sus sueños infantiles se desvanecían. La difícil situación económica impedía la celebración de cumpleaños o el Día de Reyes, y tenía que conformarse con el afecto familiar, especialmente el materno.

Desde los 10 años, el adolescente George comenzó a hacer trabajos menores además de ayudar en la casa. Así aprendió a limpiar, fregar, cocinar y lavar, pues la madre estaba cada vez más enferma y los hermanos menores trabajaban para el sustento diario. El panorama era sombrío y con pocas esperanzas de cambio, debido a que el país vivía una profunda crisis económica y política donde por supuesto la peor parte caía sobre las capas más humildes.

El año 1933 está registrado en la historia de Cuba como un año convulso, pues el pueblo estaba volcado a las calles para acabar con la dictadura de Gerardo Machado. El hambre y desempleo estaban a la orden del día, y como es lógico suponer las enfermedades y las muertes mostraban altos índices. Tal era el deterioro social que parecía inminente un enfrentamiento entre el pueblo y el ejército, situación que se frustró cuando más inminente parecía. Este fracaso popular se recuerda con una frase que se hizo muy popular: la revolución del 33 fue a Boline.

Mientras en el país se vivían tiempos convulsos, en el hogar de George se vivía una situación no menos terrible. La madre gravemente enferma estaba en cama sin recibir una adecuada atención médica pues no había dinero para ello. Remedios caseros y una buena alimentación brindaban una imagen nada esperanzadora. Pese al gran esfuerzo de toda la familia y algunas amistades, día a día se iba apagando el corazón de esa incansable luchadora mujer que había entregado todo de sí para dar lo mejor a sus adorados y queridos hijos, que conscientes de la tragedia que se avecinaba hicieron un último esfuerzo por devolverle la salud a su madre.

Pero ya el destino estaba marcado y ese mismo año sin que pudieran evitarlo, Gertrude Richards fallecía dejando a su esposo viudo con ocho hijos a cargo. A partir de ese momento comenzaría una nueva etapa en la vida de George pues el padre decide poco tiempo después trasladarse de pueblo, ya que ha escuchado que en un lugar llamado Guantánamo otros inmigrantes habían tenido suerte y encontrado empleo y les iba bien, por lo que estaba decidido a probar suerte.

GUANTÁNAMO: AHORA O NUNCA

Luego del fallecimiento de la madre, la familia Andrews quedó totalmente desorientada. El padre poco contribuía al sostén familiar y los hermanos mayores Claudio y René hacían un gran esfuerzo, pero lo que ganaban era insignificante y apenas alcanzaba para comer. Los pequeños, entre los que se encontraba George, observaban y callaban ante la tragedia familiar. En ocasiones, sin que los demás lo supieran, George salió a buscar trabajo y más de una vez regresó tarde sin haber ingerido alimento y su único consuelo era (esto lo supe mucho tiempo después) que al menos al estar ausente de la casa lo poco que había se podía repartir mejor entre los demás.

De carácter fuerte, en más de una oportunidad se enfrentó a su padre para exigirle que asumiera su protagonismo, pero siempre recibía la misma respuesta ... La cosa está dura aquí y quizás en otro lugar. El viejo Andrews, de carácter muy similar al hijo, estaba pensando seriamente dejar aquel lugar que tan malos recuerdos le traía y asentarse en un sitio donde tal vez el destino le deparara mejor fortuna. Más que una idea era una decisión ya tomada que se cumpliría un año después de la muerte de la esposa.

1934 fue el año en que la familia de Andrews se asentó en la ciudad de Guantánamo. El padre, sin saber exactamente lo que quería, se trasladó por diversos puntos de la ciudad buscando un terreno donde construir o encontrar una casa para arrendar lo más barata posible. Mientras esto ocurre, los hermanos mayores tratan de conseguir trabajo pero el adolescente George se muestra cada vez más inconforme con lo que la vida le ha dado hasta el momento. Por eso, a espaldas del padre y de los hermanos, sale a la calle en busca de cualquier trabajo que le permita resolver al menos el mínimo de sus problemas, pero la difícil situación imperante unida a su edad impidieron que alcanzara sus sueños.

El hecho de no trabajar ni estudiar le permitía tener todo el tiempo libre para realizar cualquier tipo de actividad delictiva. Sin embargo, George no pensaba en esas cosas desagradables. Por el contrario, se dedicó a hacer amigos y a la práctica de deportes, fundamentalmente el béisbol, pero sin éxito. Este nuevo fracaso vino a aumentar la desesperación y la frustración de George, quien veía el tiempo pasar sin esperanza alguna de mejora. Lo peor de todo era que no tenía a quien acudir con sus cuitas, ya que su mejor amiga y aliada, su madre, había fallecido, lo cual había significado un duro golpe de que aún no se había recuperado. Añádase a esto que la convivencia con el padre se hacía cada vez más difícil, y comprenderán cómo la situación iba camino de una separación total.

Cumplidos los 16 años, la vida comenzó a transformarse para el joven descendiente. A través de unos amigos consiguió un empleo que le permitió comenzar a desenvolverse por sí mismo. Además, este empleo le permitió hacer nuevas amistades y ampliar su ciclo social. Trabajó como carnicero, bodeguero, carpintero, ayudante de albañil, etc. Lo importante era tener un trabajo que le garantizara un salario, aunque fuera el mínimo, y la independencia familiar. De hecho, estos trabajos servirían como antesala para el objetivo mayor, el sueño de todo joven, un sueño que se cumpliría 5 años después.

LA BASE NAVAL

La década de los 40 fue una de las más convulsas y trágicas del pasado siglo. Internacionalmente había gran tensión, ya que Europa estaba siendo sometida al fascismo y parecía inevitable una segunda confrontación mundial. En Cuba gobernaba Fulgencio Batista, quien había puesto en vigor una nueva constitución que al decir de expertos y analistas era la más democrática en lo que iba de República, aunque por supuesto no resolvía los graves problemas que padecía la mayoría de la población.

En medio de este panorama, llegaba el año 1943 y el joven George cumplía 21 años. Ese año sería de suma importancia para él, pues se convertiría en empleado fijo de la base naval estadounidense ubicada en Caimanera.

Esta situación cambió por completo su vida, y le ofreció la tan añorada independencia. Dentro de la base naval desempeñó diferentes oficios, y aunque no eran salarios altos, sí le garantizaban una estabilidad económica.

Apuesto, de agradable figura y buen vestir, no le era difícil tener admiradoras, por lo que aprovechó la ocasión para tener varios romances juveniles hasta que en el año 1952 se unió a Elena Luisa Thomas Nelson, quien también laboraba en la base naval. De esa unión nacerían 2 hijos Jorge Nelson y Oscar Luis, que junto a las dos hijas de Elena del matrimonio anterior, Ana Belkis y Luz Victoria, formarían la familia Andrews que primero fijó residencia en Calixto García entre 3 y 4 sur.

Precisamente en 1952 se produciría en Cuba un acontecimiento que acabaría con la poca democracia existente y el estado de derecho. Fulgencio Batista se apropió del gobierno mediante un golpe de Estado para imponer a partir de ese momento una sangrienta dictadura a la que el pueblo respondería con protestas, manifestaciones, y luego con la lucha armada.

Guantánamo vivía la misma situación que el resto del país, muy tensa. A pesar de ello se respiraba una aparente calma, y las autoridades hacían esfuerzos para minimizar lo que estaba ocurriendo. Por su parte George continuaba trabajando en la base naval, cambiando constantemente de puesto de trabajo en busca de mejora salarial, lo cual no le era difícil pues dominaba perfectamente el idioma. Garantizaba de ese modo el sustento de la familia, lo que a partir del nacimiento de su primer hijo en 1954 asumiría él solo, pues su esposa pasó a encargarse de la casa y del cuidado del bebé.

La dura situación imperante afectaba a la mayoría de la población, con mayor énfasis en los inmigrantes. En el caso de los anglocaribeños, trataron de agruparse para disminuir los efectos de la crisis reinante. Tras varios intentos que les sirvieron de experiencia, y contando con el apoyo del Consulado Británico, fundaron el 4 de noviembre de 1945 el British West Indian Welfare Centre.

UNA DECISIÓN DIFÍCIL

El triunfo revolucionario de enero de 1959 por Fidel Castro trajo como consecuencia la ruptura total de las relaciones entre Cuba y Estado Unidos. Amenazas, agresiones y sanciones estaban a la orden del día. En Guantánamo la situación se puso extremadamente tensa luego de la muerte de dos soldados cubanos en la zona de la frontera. A las amenazas y acciones del gobierno de

Estados Unidos el gobierno cubano respondía con firmeza, lo que aumentaba más el odio hacia el país y sus habitantes. Por lo tanto, cada ocasión de hacer daño y presionar era aprovechada por Estados Unidos para poner a prueba al pueblo cubano y sus líderes.

En 1965, como una forma más de crear incertidumbre entre los cubanos, el gobierno estadounidense aplicó la ley de desplazados a un número de trabajadores de la base. Buscaban así que esos trabajadores desertaran y se quedaran en la instalación militar, abandonando a sus familiares y su patria. George fue uno de los trabajadores seleccionados. Ante tal situación, de tener que decidir entre continuar laborando para el imperio o continuar al lado de su familia, decidió quedarse con los suyos. Con ello puso fin a 22 años de labor ininterrumpida como empleado de los Estados Unidos.

Luego de dos años de inactividad, se incorpora nuevamente al trabajo, esta vez como trabajador de Servicios Comunales del poder local en Guantánamo durante 9 años, desde el 1 de diciembre de 1967 hasta el 3 de diciembre de 1976. Más tarde trabajó como jardinero hasta su jubilación, la cual se hizo efectiva en el año 1982. A partir de ese momento se acogió al retiro, dedicando la mayor parte del tiempo a disfrutar del hogar y sobre todo a disfrutar de su mayor placer, los eventos deportivos especialmente del béisbol.

El 28 de mayo de 1995 se reincorpora como miembro del British West Indian Welfare Centre, como el asociado No. 169 según consta en su carnet de miembro. Esta reincorporación le ayuda a mantener relaciones sociales y de amistad, lo que alterna con la visita a sus hermanos sobre todo los fines de semana cuando aprovechaba para jugar a las cartas y hacer una rica comida al estilo de sus ancestros.

EL ADIÓS

A partir del año 2000 su salud comenzó a deteriorarse, por lo que poco a poco se fue alejando de las actividades sociales. Varias veces tuvo que ser ingresado para tratar de mejorar su calidad de vida, pero lejos de mejorar su salud se hacía más frágil por lo que decidió no hacer vida pública y dedicarse al tratamiento médico. Pero ya el destino estaba escrito, y en marzo del 2008 volvió a ser ingresado en el Hospital General Docente Dr Agostino Neto, donde falleció el día 25 en las primeras horas de la mañana. Así decía su último adiós este descendiente que contaba al morir con 86 años de edad.

CONCLUSIONES

He realizado un breve recorrido por la vida de un descendiente, lo que pone al descubierto diferentes formas de subsistencia, pues como se puede apreciar por regla general la mayoría pasó más sinsabores que alegrías. El tener que abandonar su país y familia fue una difícil situación para muchos de estos inmigrantes jamaicanos que vinieron a Cuba en busca de un sueño y se encontraron con una realidad diferente. Esta historia también ha mostrado cómo los hijos chocaron con muchos obstáculos y tuvieron que abrirse paso en la vida, al precio de grandes sacrificios.

El ejemplo de George es uno entre muchos, con la particularidad de que fue mayor el sufrimiento que la felicidad, acentuada esta realidad tal vez por su temperamento o carácter impulsivo que lo hacía sobresalir de los otros hermanos aun cuando fueran mayores que él.

Tal vez algunos se pregunten por qué insisto tanto en la personalidad de George Astor Andrews. La respuesta es muy sencilla: porque George Astor Andrews fue, es y será por siempre mi padre.

RELACIÓN DE INFORMANTES

Andrews Richards, Carlos
Andrews Richards, Claudio
Andrews, Guillermo
Andrews Richards, René
Andrews Richards, Rolando
Andrews Richards, Sidney

AL CONSEJO DE TRABAJO
AREAS VERDES
CABALLERO Y PINTO

Guantanamo 17 de Mayo de 1976
AÑO DEL XX ANIVERSARIO DEL GRANMA

EL QUE SUSCRIBE:JORGE ANDREWS ASTOR,desplazado de la Base Naval con Expte No.357958 Jardinero con salario de $184.15 como tal por la presente vengo a pedir:

Se me tenga en cuenta el salario real que devengaba en la Base Naval, y que con vista de ello se me ajuste el mismo para fijarme el de $9.20 por dia y 26 dias del mes $239.20, cosa esta que no se esta cumpliendo ya que solo percibo el salario de $184.15.

Deseo se tenga en cuenta lo resuelto por el Mintrab regional de Guantanamo al fijarle el salario a pagar al Cro.DESPLAZADO DE LA BASE JUAN CHACON ALMENARES que trabaja o el DESA al que se le ha pagado ya ese salario como a otros tantos Igual que el.O

ADEMAS,por la carta del minint que acompaño prueba mi derecho a dicho salario.

Si ello no fuera unico,se tenga en cuenta que mi caso es igual que el de mi compañero PEDRO M GUIBERT HARDY que aun he h percibido su salario real pero que asi lo ha dispuesto FISCALIA A TAL EFECTO.

Que citen a ese compañero para que diga lo que hay sobre el particular.

Revolucionariamente,

JORGE ANDREWS ASTOR

P.D.COMO SOY MIEMBRO DEL CONSEJO DE TRABAJO Y ESTE SOLO TIENE TRES MIEMBROS SOLICITO SE ELEVE EL CASO A APELACION PARA QUE ESE ORGANISO SEÑALE QUE CONSEJO DE TRABAJO DEBE CONOCER DE MI CASO.
Vale

Jorge Andrews Astor

Work permit for George Andrews

REPUBLICA DE CUBA
ARCHIVO PROVINCIAL
PODER POPULAR DE GUANTANAMO
MONCADA Y CROMBET
GUANTANAMO PROV. GUANTANAMO

P O R   M E D I O del presente escrito y como Encargado, Respon
sable de los Archivo del Antiguo Municipio de
Guantánamo y Organismos Posteriores: Jucei Mu
nicipal, Administración Regional Municipal --
(Poder Local), (Actual Archivo Prov. del Poder
Popular de Guantánamo).

C E R T I F I C O

Que ha solicitud del compañero GEORGE ASTOR ANDREWS ANDREWS y -
previa búsqueda efectuada en NOMINAS archivadas CONSTA que el -
mismo trabajó en el Municipio, en la Administración Municipal -
(Poder Local) actual servicios comunales, en el Departamento de
Areas Verdes: Desde el 1ro de Diciembre de MIL NOVECIENTOS SESENTA
Y SIETE, hasta el 31 de Diciembre de MIL NOVECIENTOS SETENTA Y
SEIS/.

AÑOS	PERIODO DE TIEMPO	SALARIO BASICO MENSUAL	SALARIO BASICO ANUAL	TIEMPO ACUMULADO
1967	1 de Dic. 31 Dic.	$184.15	$2,209.80	1 Mes.
1968 al				
1975	1 de Ene.68-31 Dic.75	184.15	2,209.80	8 Años.
1976	1 de Ene. 31 Jul.	184.15	1,289.05	7 Meses
	1 de Agos. 31 Dic.	219.19	1,095.95	5 Meses

Total tiempo acumulado: DESDE el 1ro de Diciembre de 1967
                        HASTA el 31 de Diciembre de 1976
NUEVE AÑOS UN MES.

Y para entregar al compañero GEORGE ASTOR ANDREWS ANDREWS con carnet
de identidad No. 22112806360 se le expide el presente CERTIFICADO
que solicita para fines de jubilación .

Guantánamo 17 de Septiembre de 1982
     "AÑO 24 DE LA REVOLUCION"

                              José de los Santos Mesa,
                              Archivero Provincial
                              Moncada y Crombet GTMO.

Verification of work experience for George Andrews

United States Civil Service Commission
Washington, D. C.

Certificate

of

Membership

IN THE UNITED STATES CIVIL SERVICE

Retirement
System

The obligations, benefits, and privi-
leges described in this certificate
are provided by the Civil Service
Retirement Act as amended to
February 28, 1948. They are
subject to change by
legislation.

NAME Andrews, George Astor

Show this to your family—Keep it in a safe place

Retirement certificate for George Andrews

This is for your use in keeping a complete record of your Federal employment. You are urged to keep it up to date. Enter every personnel action as you receive notice from your Personnel Officer—appointment, promotion, change in position, transfer, etc. You will find it helpful many times during your working career; when you retire, or are otherwise separated from the service, it may be the means of helping to establish your complete record of service.

NAME				DATE OF BIRTH
George Astor Andrews		4341		12/28/22

NATURE OF ACTION	POSITION AND GRADE	BASIC SALARY	EFFECTIVE DATE	DEPARTMENT, BUREAU, AND LOCATION
Appt. Tem	Laborer-Com.	$2.32p.d	5/24/43	PublicWorks,NOB,Gtmo.Bay,Cuba
Discharge	Lack of Works	"	9/26/44	"
Ex.Appt	Laborer-Com.	$2.80p.d	11/13/46	"
Promotion	Help-Gen.	$3.36p.d	4/28/47	"
Adjustment	Help-Gen.	$3.44p.d	8/ 4/47	"
Assignment	Help-Warfbuilder	$3.44p.d	8/25/47	"
Resignation	"	"	4/13/48	"
Appt	Laborer	$0.40p.h	6/ 2/48	NavSta,SR,Hull,GtmoBayCuba
onEx.Appt	Laborer	$0.40p.h	7/19/48	"
Per.PayInc.	Laborer	$0.45p.h	7/19/48	"
RET.Deduction	"	.	7-19-48	"
Promotion	Helper-Rigger	$3.84	12-26-50	"
Pay Adj.	" "	$1.18.5c.p	4-16-51	"
		$1.00.0c	3-30-52	"

If you need additional space, an extra sheet may be attached.

Work record of George Andrews

14.

Re-experiencing Life through the Prism of Memory

The Jamaican–Cuban Experience

MARGARET RECKORD BERNAL AND ANNA MARÍA HENDRIKS

Based on the poetry book *Island Reliquaries: Voices from a Jamaican Past* and the biography *A Jamaican in Cuba: Cecil Charles Hendriks 1908–1926*, this special presentation – part biography, part poetic rendering of oral history – is an exploration in the "memoirist" tradition of an intertwined Jamaican and Cuban life experience in the early 1900s.

Cecil Charles Hendriks spent eighteen years working as an accountant in Cuba's sugar industry. Rising from assistant bookkeeper to chief accountant, he was eventually appointed comptroller at an *ingenio* and an assistant manager of *centrales*. After the crash of the sugar industry, he became a joint owner of a sugar estate.

All the threads of his life were tied together in Cuba, threads from his formative years in Jamaica and those extending into his future again in Jamaica. When one looks at his life as a whole, one sees how much of his later life depended on his years in Cuba, particularly his family life, his managerial skills, his increased self-discipline and the heroism (evident in him from youth) that were tested and hardened there.

> When my father, Cecil Charles Hendriks, died in 1963, his collection of old family documents, letters, photographs and his little leather-bound notebook that he had signed and dated "Cecil Hendricks May 19th 1900" came into my hands. In our later home at "Everest" (which he named) on the Old Stony Hill

Road, the photographs and his small sketchbook were kept on the bottom shelf of his antique bookcase.

It was not until 2006, when I began to draft an account of my father's eighteen years in Cuba that I looked more closely at the letters and notebook. Reading each letter of his Cuban correspondence, I learned more about this period of my father's life than I had ever known. I had known that he had worked as an Accountant for sugar estates in Cuba but I never imagined how exhausted he had been made by his unreasonably heavy workload nor how terribly lonely he was until he married my mother in 1922. In the letters he typed, I recognize the father I knew; his great powers of endurance, his immense courage, his unwavering sense of duty, his thoughtfulness of others and his selflessness.

In my father's little note book he inscribed his name in freehand Old English, kept records of what he spent, listed each job he worked at (except the last), when he began, where he worked, the salaries he received and when he left, last working in Cuba at Central Santa Ana, in the valley of southern Oriente. Many of his old photographs giving information that is not available elsewhere.

THE PRE-CUBAN YEARS, 1883–1908

In the Santa Cruz Mountains of Jamaican parish of St Elizabeth is the district of Malvern, noted for its cool, clean and healthful climate. Some three thousand feet above sea level, in years past this area and adjacent lands were known as the Ridge of Health. There, Cecil Charles Hendriks was born on 30 March 1883 at "the Hermitage", located between Malvern and Potsdam/Munro. On the east side of the main road was a coffee plantation owned by his maternal grandfather, Henry Blair.

Cecil must have often watched his grandfather at work because when he was fourteen years old he made a small box of thick leather. It had two straps, one on each side, held in place by narrow fitted bands, with buckles that allowed the lid to be opened or closed to secure the contents. The stitching was done with awls and the workmanship was unbelievably accurate. Both Cecil's parents sewed clothing and his grandfather Blair "sewed" saddles. All his life he had mended his clothes, darned his socks and sewed on his own loose buttons. He learned how to use his hands from both his parents and from his grandfather.

THE LITTLE RED NOTEBOOK: "MY STRUGGLE FOR EXISTENCE"

Early in 1900 Cecil purchased a tiny notebook bound in thin tooled crimson leather. In it he collected witty sayings and lines of poetry and jotted expenditures, all indicating youthful interests. In later pages, he made notes about his personal cash account and kept a few records of family dates of birth and death and names of correspondents. All the information on Cecil's accounts, family dates of births and deaths and most of his movements until 1922 were learned from this notebook.

INGENIO SANTA CECILIA, GUANTÁNAMO, ORIENTE, CUBA, 1908–1914

In the summer of 1908 Cecil was appointed assistant bookkeeper at the Santa Cecilia Sugar Company at Guantánamo in Cuba. Travelling towards a monthly salary of US$60 with living quarters provided and good prospects for advancement, he left Jamaica on 1 August for Santiago de Cuba. This city, with its beautiful, virtually landlocked harbour, was second only to Havana. On 1 September 1912 he was promoted Chief Accountant with a monthly salary of US$150.

In February 1917, civil war broke out in Cuba. One assumes that this was soon brought under control because in April 1917 Cuba declared War on Germany. By this time Cuba was supplying one quarter of the world's cane sugar. This rise in production assisted the Allied countries.

The Matanzas-American Sugar Company recognized Cecil's ability and worth and raised his salary every six months. Finally in May 1917, some three and a half months after a meeting in Havana, he was appointed Comptroller to take effect on 1 June with a monthly salary of US$250.

THE RETURN TO JAMAICA, 1926

Near the end of 1925, Cecil, his wife, Maria and their sons visited Jamaica. He had decided to move back to his island home permanently because he wanted his sons to grow up in an English-speaking country and have a proper English education.

By 1926 Cuba's sugar industry was thriving again and twenty of the large *centrales*, each producing more than 64,000 tons of cane sugar, provided more than one fifth of the world's crop. For perspective, global production was 3,500,000 tons and the entire British West Indies only produced about

250,000 tons. However, Cecil was determined to live in Jamaica. Early in 1926 he resigned his job at Central Santa Ana and, after the required period of notice (usually two months), he and his family moved back to Jamaica in early March.

Cecil and Maria's return to Jamaica was a major turning point in their lives. He was at that point a mature, highly experienced man of forty-three years. His character had been tested through fire and fatigue at Ingenio Santa Cecilia, he had risen to the high position of trust as comptroller at Matanzas-American Sugar Company and he had been tested again during the crash of the sugar industry. He patiently and tirelessly worked to support himself during his second struggle for existence.

Eighteen years in Cuba had prepared Cecil for his final thirty-seven years in Jamaica (his third struggle for existence). In about 1937 he learned that he had diabetes. He lost a leg in 1946 after leaving a blister on his left big toe untended. After this, he persevered heroically on wooden crutches, attending his upstairs office and planting over four hundred fruit trees at his hillside property, Everest, on Old Stony Hill Road. In 1959, he lost a second leg because of poor circulation in his toes. When he was forced to retire from his commission agency and confined to a wheelchair, so attentive was he to his responsibilities that he never left Jamaica again. He died on 27 October 1963, thankful for release from his life's great difficulties. He was interred at the St Andrew Parish Church cemetery.

Margaret Reckord Bernal's narrative poem, "Leather Trinket Box, Malvern, St Elizabeth", and her photographs tell the story of a young Jamaican Cecil Charles Hendriks's early rural upbringing in a secluded farming hamlet on Jamaica's mountainous south coast. As he moves into manhood and fatherhood, he seeks work in Kingston, moving from the rural life cycle into a capital city undergoing a rapid and sharply contrasting pace of development. The starting point of the poem is a handmade gift from the Cecil to his youngest daughter, Anna María. She recalls the impact and significance of this gift when, in her old age, a highly accomplished and sensitive artist and teacher, she recounts the story of the gift, both in words and in drawings.

In the poet's hands, the father's gift and the daughter's recounting of it become seamless acts. They take on a universal, timeless and recurring promise of rebirth and renewal, which spring from all sustained human endeavour.

LEATHER TRINKET BOX, MALVERN, ST ELIZABETH

I was a builder – of walls and
of a life that had no mold.
So I made one up
as I went along.

In Malvern, there was
the land. I was a green youth flinging
my obstinate strength against every
untamed acre, every possibility.

In a long, solitary ecstasy, I roamed
the hillsides, wresting them to my enterprise
in a private pact of sinew
and soul. Trees grounded
in a handful of rusty earth
soared and fruited, land lay down,
heeded me.

Needing a house, I learnt the craft
built a strong home
for a growing family.
Bed never was my place
sleep, no companion.

One dawn, rummaging among
an inheritance of old leathers
this sturdy reject
caught my eye.
Discarded for its difference, more
lumber than hide, it was a relic
of who knows what
odd beast, tough-skinned
like me.

Naturally I chose it,
fancied to soothe it
into a gift
for the child of my heart.

To fashion this stubborn
hide was war. Resisting every overture
of my awl and waxed yarn
it rebelled; needles
buckled, the mahogany mold broke.
To bend each corner
for the small trinket case I fancied
I doused the leather, left it
soaking with Seville orange
softening.

Lamplight nights, in the work shed
looking far out over
the sprawl of the Great Morass
I would close my eyes
feel the atoms of leather
finally bending
to my will
to my need.

When four months had passed
of nightly contest
the gift box lay
sturdy, aloof
against the blonde grain
of my bench. I left it
there, shut the door
and sought out the gnarled mango
to smoke and rest, gathering
strength, like the land around.

Later,
the rigours
of farm life
charged toll, fore-shortened me.
I was exiled
from the sweet wilderness
of the Santa Cruz Mountains
to town.

In the stony hills above
Kingston, I found land
lonely and rough like
my first heart's home. There was
a whitefaced house, set back
from a road, which leapt down
over small hills, to the city.

The terrain was rock-strewn,
hostile to my scheme for orchards
groves of shaddock, guava,
every fruit tree Jamaica possessed.

So with the one leg left, and homemade crutches
I took that hillside on, welcoming another offer
for enterprise,
for ground.

Now, I took my time.
Earth shuddered, boulders cracked
below my steady sledge. I dragged
each rose-veined rock
to its resting place.

And so grew
white waterfalls of stone
I named Everest.

The orchards too
grew in basins of velour earth
between restraining walls.
A hundred cherry, mango,
tangerine, reared up along
each hard won terrace.

Later, when the creeping disease
I hadn't time for, had quite
overpowered me
limbed me further
like my prized trees,

I had to leave life be.

Then, all travail past, the breaklight
at my window and the insistent dove
calling over city noise
summoned only memories.

I often recalled
that season of the gift box
The struggle to shape it
melding perfection of form
and function. Young then
seeing only what was in front
I never knew
it was shaping me.

My child had smiled in wonder
when I gave her, pulled
on the stout straps, opened
and closed the thick, snug lid. Her eyes
marvelled, noted, thanked me.

Flustered, she had turned
tucked it far into her dresser. Then
hurried away, a pocket sandwich
and a dog at her side
out to her hillside roaming.

That was long ago.
I sleep now, released by time
and circumstance, as with all men.

Left behind now

only a few broken terraces
an oddly-proportioned box
of tough leather.

The shaddock
in a strange departure, has sent out
a subterranean root, which

springs, pale and tender
year after year
on terraces
overtaken now by town.

It comes back, like
the occasional remembrance
of a gift, and a struggle.

Behind the object
remains
the act.

And behind again
the primordial impulse
to conjure shape out of shadow,
mark a place out

a small stone atop
a pile of stones
along a way.

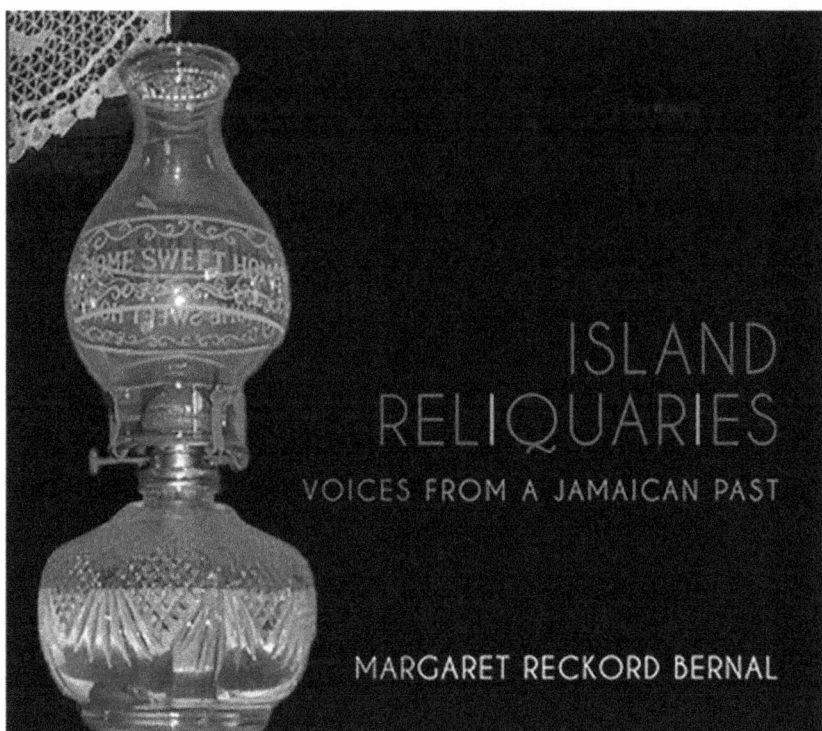

*Lamp from old Jamaica from the
cover of Margaret Reckord Bernal's
book*

*Cecil Hendriks, father of
Anna María Hendriks*

15.

Family and Childhood Memories

ELENA MARGARITA GARZÓN GUMBS

"Families are the roots of people and whoever raises one and gives the mother-land useful children . . . has . . . the right to have his name remembered with respect and love."

—José Martí, *Aforismos*

Respect to old people, attachment to work and education, norms of behaviors, discipline and good customs are rules familiar to the English-speaking people who came to and were educated in Cuba. Through this testimony I am intending to share most of the things I affectionately remember from my childhood and aspects of my family based on original documents that are still in our hands. We are descended from the first generation of English-speaking West Indian migrants to Cuba.

> At the beginning 20th century, with the consolidation of the Coal Station, the appearance of an important commercial network in Guantánamo and Caimanera as well as investments in the sugar and coffee industries which at that time, needed labour hands, Guantánamo became a good option to find sustenance for many British west Indian families, especially from Jamaica. This is the reason they were referred to as "jamaicanos", although many of the immigrants in Guantánamo came from other Caribbean islands. (Barrio Batista and Alonso Coma 2013, 31)

Moreover, Cubans used to trace the origin of immigrants to everyone who was black, poor, spoke English and practiced protestant religions, and identified them as Jamaican. "The fact is that sixty percent of all immigrants who came to Cuba were from Jamaica, but there were also immigrants from other English-speaking islands: Barbados, Saint Kitts and Nevis, Saint Vincent and the Grenadines, St. Thomas and others." (Chailloux Laffita 2007, 57)

> At that time, Guantánamo had all the basic conditions for settlement for the British West Indian people. "They preserved the social practices of their countries of origin: Protestant churches, lodges for mutual help and recreation, schools and cooking traditions, etc." (Chailloux Laffita 2007, 67). Original family documents and living experiences have been used as a point of departure for sharing family and childhood memories about education as an English-speaking descendant.

I was raised in a simple but united family composed of my parents, Ignacia Gumbs Phipps and Edmundo Garzón Bruno, three sisters, two brothers and me, the youngest. Although my father, a barber, was not an English-speaking descendant, he spoke English very well and knew how to educate his children.

My mother was the second daughter of Helen Maude Lavinia Phipps Thomas and Moses Gumbs who, according to the records of the Methodist church in Guantánamo, got married on 4 April 1920. The ceremony was performed by Pastor Lorenzo Verdecia and the witnesses were Davis Gumbs and Robert Davis. As a result of this union, they had two daughters, Ignacia and Jonie.

Helen and Moses belonged to the first generation of English-speaking people who arrived in Cuba during the first years of the twentieth century. They settled in Guantánamo in 1920, first living on Oriente Street, between Narciso Lopez and Jesus del Sol in the well-known Loma del Chivo neighbourhood. Later, they moved to 472 Agramonte Street in the España Chiquita neighbourhood. They brought their country's customs with them and passed them on to their two daughters (Ignacia Gumbs Phipps and Jonie Gumbs Phipps), second-generation descendants who also passed those customs to their children, the third generation and the one to which I belong.

I affectionately remember that my grandmother and my mother used to tell us that we should thank God every day for both the good and the bad. We all prayed daily, kneeling beside our beds before sleeping and in the mornings before getting up for the day. The prayers below are examples:

Morning Prayer

Our father, who art in heaven. Hallowed be thy name. Thy kingdom come. Thy will be done on earth as it is in heaven. Give us this day our daily bread. And forgive our trespasses as we forgive those who trespass against us. And lead us not into temptation. But deliver us from evil. For thine is the kingdom, and the power, and the glory, for ever and ever. Amen.

A Collect for Grace

O Lord, our heavenly Father. Almighty and everlasting God, who hast safely brought us to the beginning of this day. Defend us in the same with thy mighty power; and grant that this day we fall into no sin, neither run into any kind of danger; but that all our doings, being ordered by thy governance, may be righteous in thy side; through Jesus Christ our Lord. Amen.

Evening Prayer: A Collect for Peace

O God, from whom all holy desires, all good counsels, and all just works do proceed; Give unto thy servants that peace which the world cannot give; that our hearts may be set to obey thy commandments, and also that by thee, we, being defended from the fear of our enemies, may pass our time in rest and quietness; through the merits of Jesus Christ our savior. Amen.

Apart from the prayers that we said at home, when our parents took us to the Episcopal church (on the corner of Martí Street and Aguilera Street), they also offered thanksgiving prayers for the country, the church, the unity of God's people, children, family, a sick child or any person in the community. While they were praying, children listened quietly.

As children, we were told to follow our parents' orders. Inappropriate behavior would not be accepted. Children had to respect everyone who was older, especially older family members and neighbours. Whenever there were visitors at home, the first thing children were told do was to greet them and immediately leave the room they were in. We were not allowed to participate in adult conversation. Some people think that the English-speaking Caribbean people in Cuba were too demanding with their children's education, but I disagree. Thanks to this upbringing we were taught to behave properly, not only in our homes but everywhere. Most children of second-generation descendants are professionals.

I also remember that when we went to other children's houses to play on weekends, our parents and grandparents told us that we could not remain either at lunch or dinner time.

My siblings and I were accustomed to having our afternoon nap after lunch, especially on weekends and when we were on vacation. On waking up, our mother had usually prepared snacks (for example, cornmeal, rice and milk, creme caramel, Johnny-cakes or bun, which we ate with black tea or fruit punch). She served the snacks in colored plastic bowls, blue for the boys and pink or orange for the girls and the drinks in little glasses. Afterwards, we played with friends and, at about 6:30 p.m., we returned home.

I remember the moments we got together with my parents, sisters, brothers very fondly. We would all sit down in the living room while our parents taught us songs. When we repeated the words, we would stand, as my mother sang and my father played the harmonica. We would also do the actions that my mother demonstrated. This was her way of transmitting not only the rhythm of the English language but also its vocabulary. Through this exercise, we learned to speak and understand English even before we started school, where we improved it.

Brown Skin Girl

Brown skin girl stay home and mind my baby.
Brown skin girl stay home and mind my baby.
I'm going away and in my sailing boat.
And if I don't come back, stay home and mind my baby.

Clap Hands

Clap hands, clap hands till mama come home,
Clap hands, clap hands till mama come home.
Mama bring cake for baby alone.
Mamita eats all, and give papa none.

Promise

I promise to marry to you, to you.
I promise to marry to you.
I promise to marry to you, my darling.
I promise to marry to you.

Roll Then Girl

Roll them, girl, roll them girl.
Everybody roll them
(*hands clapping*)
Roll them up and show your pretty stocking,
Roll them up and show your pretty knees.
(*hands clapping*)
Everybody ha ha ha.
Don't let people say that we're shaking.
Roll them up and show your pretty stocking,
Roll them up and show your pretty knees.

The London Bridge

London Bridge is falling down, falling down, falling down.
London Bridge is falling down, falling down, falling down.
So Mary Lee, and you look for the axes to chop up you head,
Chop up your head, chop up your head, so Mary Lee, so Mary Lee.

This work has given me the opportunity to collect data about my family. I had access to original documents that were held by my mother and, following her death, by my older sisters. I also made reference to bibliographies that speak about the characteristics of the English-speaking Caribbean people who emigrated to Cuba. Moreover, this work was an opportunity to recall a great deal of my childhood memories which make me proud of my origin and of the family God gave me. I appreciate the tremendous possibility to share these things that this event represents.

REFERENCES

Barrio Batista, Magrid, e Ismael Alonso Coma. 2013. *Historia del Colegio Americano en Guantanamo*. Guántanamo: Editorial el Mar y la Montaña.
Chailloux Laffta, Graciela, ed. 2007. *De dónde son los cubanos*. La Habana: Editorial de Ciencias sociales.

Parents of Elena Margarita Garzón Gumbs

16.

Apuntes de la vida de emigrantes que hicieron familia en Guantánamo

ADISDANIA WALWYN PONS

Este trabajo es el resultado tanto de la curiosidad como de la necesidad de conocer el origen de mi apellido y la historia familiar ¿La causa? Porque siendo apenas una niña de 9 años despertaba el interés de mis maestros por saber de dónde mis padres sacaron ese apellido que les enredaba la lengua al pronunciarlo. Se trata de la historia de vida de una de las tantas familias formadas por inmigrantes que llegaron a Cuba en busca de la tan anhelada mejora económica. Con el transcurrir del tiempo sin darse cuenta no habían podido adquirir la soñada fortuna para regresar y no les quedó más remedio que rehacer sus vidas en la isla. Algunos pudieron reunificarse, otros al perder toda posibilidad de retornar a ver a sus seres queridos construyeron una nueva familia y recomenzaron sus vidas a partir de la realidad existente.

Una vez en Cuba, estos inmigrantes tuvieron que enfrentar grandes obstáculos para poder establecerse en medio de la permanente amenaza de deportación a sus lugares de origen por parte del gobierno. Enfrentaron el rechazo de la población nativa que los veía como serios rivales para conseguir empleo y mejoras salariales, ya que en muchos casos los inmigrantes necesitados aceptaban empleos por míseros salarios y con ello echaban por tierra los esfuerzos e de unidad de una clase obrera que se atrevía a luchar y a reclamar sus derechos.

La base naval estadounidense ubicada en la comunidad costera de Caimanera constituyó la gran esperanza de vida para los anglocaribeños, pues gracias a su dominio del idioma tuvieron acceso a importantes y mejor remunerados puestos de trabajo.

Una de las personas de la familia que más conversaba conmigo era mi abuelo Cirilo Nathaniel Walwyn. Él frecuentaba la casa dos o tres veces por semana y religiosamente todos los fines de semana. En pocas palabras, era uno más del núcleo familiar, y por eso no me resultaba difícil sostener cualquier tipo de conversación con él. De ahí que un buen día, en medio de una de sus anécdotas, le pregunté por el origen de nuestro apellido y sobre aquellos que habían venido y de los que quedaron en sus tierras. Sus ojos se encendieron con un destello de alegría y orgullo, y mostrándome un mapa del Caribe que siempre llevaba consigo me dijo:

Mira en este mapa. Aquí están localizadas las islas de donde llegaron a finales del siglo XIX y principios del siglo XX tus bisabuelos: Jaime Walwyn Newton, que era mi padre, hijo de Alfredo Walwyn y Agustina Newton, ambos naturales de St. Kitts-Nevis; y mi madre Lydia Smith Foster, hija de James Smith y Enriqueta Foster, naturales de Jamaica. Por otra parte, están los padres de tu abuela Inés Luisa Benjamín Gray. Su padre James Benjamín Mayer era natural de Antigua y Barbuda, y su madre Alicia M. Gray procedía, como mis propios padres, de St. Kitts-Nevis. Fueron a Jamaica para mejorar la situación económica que por esos tiempos existía en el área del Caribe, ya que siendo Jamaica la de mayor movimiento les facilitaba la salida hacia Cuba en busca de empleos en la zafra azucarera y la Base Naval de Guantánamo.

Luego de una breve pausa en la que aprovechó para tomar agua y poner en orden sus ideas continuó diciendo:

Muchos venían con la idea de hacer capital y regresar a su país, esperanza esta que no les fue posible concretar. Unos cuantos, luego de comenzar a trabajar en la base naval, vieron la posibilidad de quedarse en ella y luego emigrar hacia los Estados Unidos y así lo hicieron, por lo general a partir del triunfo de la Revolución cubana.

Imagina si había necesidad de emigrar para mejorar la situación, que tu bisabuela cuando viene deja en Jamaica a su primer hijo, mi hermano mayor, Antonio Smith Smith. Este, cuando alcanzó la mayoría de edad y pudo viajar hacia acá se reunió con mi mamá, hizo su familia y murió hace poco. Ese es el mismo tío que conociste y que tanto jugaba con ustedes: casi no hablaba español cuando conversaba con tu papá.

Mi madre se unió a mi papá y tuvieron sus hijos. De todos, solamente tuvieron una hembra. A ella le tocó trabajar como cocinera en el Central Cecilia, situado en la parte Este de la ciudad. Por allá se llegaba caminando por la zona de Montgomery. Todos los días mis hermanos y yo íbamos a almorzar y a buscar la comida allá para mi papá. Papá era carpintero y tenía su pequeño local en la casa. Al principio vivían en una casa pequeña en la zona sur de la ciudad, y ante la posibilidad de mejorar se mudaron para la casa que se comprarían por un billete de lotería que se ganó. La casa está situada en la calle Calixto García, esquina el 7 Norte. Su entrada aquí a Cuba no sé por dónde se produjo, nunca me lo dijeron, hablaban poco de eso.

Si hay algo en lo que siempre me insistieron mis padres, y yo ahora hago lo mismo con mis descendientes es en no dejar que nadie escriba mal nuestro apellido en ningún documento por insignificante que parezca, porque eso significaría pertenecer a otra familia. Además todo aquel que tenga el apellido escrito de esa misma manera es nuestra familia, y alrededor del mundo hay unos cuantos.

Aquellas conversaciones me causaron una fuerte impresión a tal punto que mi curiosidad crecía diariamente, así que decidí abordar a mi papá, Jaime Manuel Walwyn Benjamín y preguntarle ciertas cosas como por ejemplo: "¿y tú conociste a tus abuelos?" A lo que siempre me respondió: "a tus bisabuelos sí, James Walwyn, James Benjamín y a tu bisabuela Alicia Gray, pero ya tu bisabuela Lydia había fallecido . . ."

La bisabuela Alicia Gray viajó a Cuba con su hijo mayor Ronald Oscar Challenger Gray, que en ese momento tenía 3 años. El padre se ocupó de los gastos del viaje porque ella no tenía recursos suficientes, y una vez aquí se ocupó de su manutención hasta que se hizo imposible la comunicación. Este niño se hizo mecánico automotor y comenzó a trabajar en la base naval.

Ella decide unirse a James Benjamín Mayer y tuvieron tres hijas, Celestina, Inés Luisa y Dora. Cuando fallece Benjamín, ella tiene otra relación con James Conwell, teniendo dos descendientes más. Entonces, con los ahorros que el padre de Ronald le enviaba más la ayuda de Conwell, trabajador de la Base también, adquiere el terreno donde construye su vivienda en calle Oriente entre Prado y Jesús del Sol. Según los datos que he podido recopilar con ayuda de mis primos que convivieron con ella, Alicia se dirigió a Cuba en el año de 1924 por vía St. Thomas M.P, su número de pasaporte 3824 y el de su hijo 3881.

James Benjamín era carpintero y también herrero. Tenía su lugar de trabajo en la misma casa. Cuando emigra de Antigua hacia Cuba lo hace a través de Jamaica, entrando a la isla por la actual provincia de Santiago de Cuba, declarándose procedente de Jamaica, evitando así ser devuelto pues estaba muy de moda el movimiento de los independientes de color.

Todos estos argumentos me motivaban a seguir investigando más y más, de ahí que me acerqué nuevamente a mi abuelo y le pregunté si tenía algún documento o foto de sus padres, a lo que me contestó:

> No, porque ellos eran muy reservados en eso. Yo incluso llegué a recibir correspondencia de afuera de familiares nuestros, pero ya las comunicaciones comenzaban a dificultarse hasta que se imposibilitó por completo y yo no supe conservar la carta.

Pasan los años, y conmigo van creciendo las ansías de saber más sobre mis ancestros. Le pregunté a mi abuela en mi tercer viaje a La Habana si sabía algo sobre familiares de nosotros en Antigua y Barbuda, St. Kitts-Nevis, o que si mi bisabuelo, al emigrar, quizás debió dejar miembros de su familia allá. Ante esta pregunta, que ella tomó como algo atrevido, me dijo: ¿y tú crees que estén vivos?

Eran tan reservados que parecía que no querían recordar el pasado que habían dejado atrás ni la nostalgia por seres queridos a los que no tenían esperanzas de volver a ver. Al contrario, ponían todo su empeño en empezar una nueva vida. Es por eso que no me resulta extraño que mi abuela le ocultara durante muchos años a mi papá algo que le confesaría 16 años más tarde: que tenía un tío en Antigua y Barbuda, y que ella había dejado a mi bisabuelo en Antigua cuando vino. De hecho, nunca lo dejó de atender ni cortó la comunicación con él; una comunicación que luego sostendría con mi abuela. Pero guardó tanto el secreto, que hasta el nombre del hermano se le olvidó.

Seguía descubriendo cositas interesantes y precisamente por esa razón comencé a hurgar en la vida de mis ancestros, para conocer lo más cercano a la verdad de los acontecimientos y reunir evidencias para narrar esta historia. Los datos obtenidos hasta ahora me permiten mostrar lo siguiente:

El matrimonio de mis abuelos donde aparecen registrados todos mis bisabuelos excepto Lydia Smith Foster. Por este motivo me dediqué a buscar el matrimonio de mis bisabuelos. Al encontrar estos matrimonios me surge la inquietud de por qué mi abuelo Cirilo Nathaniel Walwyn no lleva el apellido de su madre. Es entonces cuando seguimos buscando y encontramos un documento que a pesar de los años que tiene, da fe del bautizo de un tío hermano de mi papá. Al consultarlo, vimos que Lydia es o fue la madre de mi abuelo.

En nuestra búsqueda de más evidencias, encontramos entonces un expediente del Archivo Provincial de Santiago de Cuba, un documento que se llama *Listado de Pasajero* donde aparece registrado lo que James Benjamín Muller declaró al llegar aquí.

Es preciso recordar que cuando nuestros ancestros migraron en un momento determinado algunos de ellos se vieron en la necesidad de modificar algunos o todos sus datos personales, como el nombre o la fecha de nacimiento para poder trabajar en la base. Esta situación estuvo motivada por un hecho que se conoce en la historia de Cuba como el Movimiento de los independientes de color, que consistió en masacrar a un elevado número de hombres de raza negra por tomar la decisión de agruparse para tener voz y voto en la vida pública del país. Los líderes fueron perseguidos y asesinados. La situación se puso difícil para los negros, fundamentalmente los inmigrantes, que a la menor sospecha de las autoridades eran deportados a su lugar de origen.

La base naval para muchos cubanos e inmigrantes fue una fuente de vida que les garantizó empleo. Uno de los sectores más favorecidos fue el de los inmigrantes procedentes de las islas de habla inglesa del Caribe por el dominio del idioma, lo que facilitó que mi abuelo Cirilo Nathaniel Walwyn también trabajara en la base como pintor. Según datos oficiales del *Service Record Card* laboró aproximadamente durante dieciocho años, lo que sin duda constituyó un serio aporte al sustento familiar.

Es muy importante destacar el legado educativo que se caracterizó siempre por enseñar a sus descendientes el idioma inglés con mucho orgullo. Lo hacía mi abuelo con nosotras que somos de la tercera generación, siempre insistiendo en el idioma nativo de Inglaterra y en el respeto hacia nuestros semejantes, principios basados en la educación religiosa. También el saberse comportar según el lugar, el modo de vestir, la práctica del deporte, la exquisita comida con el empleo de las especias, sus bailes, su música y conocimientos sobre las plantas medicinales para la cura de muchas enfermedades.

La religión siempre ocupó un lugar destacado. Muestra de ello es que las iglesias de principios y mediados del siglo XX oficiaban en inglés y de paso sirvió para que los inmigrantes fueran objeto de la curiosidad ciudadana, pues su forma de vestir para asistir a misa provocaba el comentario siempre favorable por parte de la población.

La comida anglocaribeña ha sido de las costumbres traídas a nuestro pueblo la más arraigada. Me atrevería a decir que es la que más presente está, pues es común ver en la cocina del guantanamero una comida hecha a base de congrís con leche de coco, el domplin, tanto en frijoles como en sopa, el *ackee* acompañando cualquier tipo de carne, las especias aromáticas y el picante.

A modo de conclusiones, puedo decir que la provincia Guantánamo constituye uno de los principales asentamientos de anglo caribeños, que la historia de familia es común a la de cualquier otra familia llegada de las islas vecinas, pues mis ancestros vinieron en busca de fortuna para luego regresar. Como no ocurrió, deciden enfrentar la nueva realidad y buscan en medio de la difícil situación existente superarse, crecerse, estabilizarse después y reiniciar sus vidas como guantanameros, como cubanos sin renunciar a sus costumbres y tradiciones teniendo como premisa la unidad como soporte fundamental.

FUENTES ORALES CONSULTADAS

Benjamín Gray, Inés Luisa
Walwyn, Cirilo Nathaniel
Walwyn Benjamín, Jaime Manuel

Adisdania Pons's West Indian ancestors

Alice Gray's son's house from the early twentieth century

Alice Gray's son's house from the early twentieth century

17.

Digging up the Trunk of My West Indian Family-in-Law

VILMA CUZA ARCIA

INTRODUCTION

In June 1994 I decided to move to the home of my future family-in-law. I did not live in Guantánamo City and my now-husband and I had decided we would get married before the end of that same year. My moving into the property made things easier for everyone.

I had been warned by family and friends about how strict West Indians and their descendants could be. I was even told that they were stingy and that I would need a lot of patience if I wanted my marriage to survive the challenge.

I knew very little about the family except that, according to many, Margarita was one of the kindest persons in the neighbourhood. The other inhabitants of the house were my husband's uncle, Jimmy, and his aunt, Ethel.

My first walk through the house revealed a living room with ancient pictures on the walls, four bedrooms with doors and curtains, a dining room, a kitchen and a bathroom. My husband and I had our own little place in the backyard equipped with kitchen and bathroom.

From the beginning, I was curious about the huge presses, the different types of shelves lined with silver, glasses and dishes. But what really caught my attention was a big and weighty-looking trunk in Uncle Jimmy's bedroom.

For years I wondered whether there was treasure hidden inside it. In times of trouble, all I could think about was the amount of gold pieces or jewellery the family had preserved inside of it.

Over the years my curiosity grew so much that I could not resist the temptation of asking my mother-in-law if I could open the trunk.

DEVELOPMENT

It took days for my family-in-law to give me permission to go through the trunk. I was eager to know its contents, imagining exotic jewellery or old-time money. So when my mother-in-law said, "Besita", which she used to call me, "you is a good person. Yes, open the trunk." I tried to appear calm, but the way I rushed to the goal clearly betrayed my thin façade of composure. Halleluiah! I was opening the trunk. At first glance I was disappointed and unsure what to do. In my imagination, trunks belonged to pirates. But what I saw was not fold, fancy clothes and jewellery, but old pictures, magazines and antiquities. I decided to group pictures and documents as best I could and to try to get something out of them.

INTERNAL ORGANIZATION OF THE TRUNK

The contents of the trunk were surprisingly well organized. On the left side were different pieces of clothes like church garments, bowties, handkerchiefs, tablecloths and curtains. In the middle were books, notebooks, magazines, several hymn books, bibles, personal articles in small boxes and other smaller items. To the left were dozens of pictures, postcards, letters, certificates and many different types of written documents. I started to like what I was seeing and, to be frank, hated having to turn upside down all that was inside. But I knew that if I wanted to get information, I had to dig up the trunk.

FINDINGS

A Typical West Indian Home

I knew from talking with my neighbours that the house I was living in remained exactly the same as when it had been constructed almost a hundred years ago. Pictures of the house from the 1920s found in the trunk corroborate the neighbours' claims. The house is a big wooden building surrounded by a fence with a front gate. The front door is surrounded on both sides by windows and above it there is a zinc roof that almost covers the porch. Inside the house there are four bedrooms, a living room and a dining room. The backyard is covered by fruit trees, two of which are ackee trees.

The Family Portrait: A Parent-Centred Extended Family

Pictures found inside the trunk show a large family of eight children and their two parents plus other members of the family. Each member is perfectly depicted: Nicholas Augustus Derrick, from Antigua, Geraldine Agatha Henry, from Jamaica, and their first-generation children, Maud, Theophilus, Nicholas, Hilda, Gwendolyn, Margaret, Neville and Edith.

The Religious Status

Nicholas and Geraldine got married in 1916 at the All-Saints Episcopal Church but continued their religious tradition at St Thomas the Apostle Catholic Church, where Nicholas became the sub-deacon in 1928. The American Catholic Church was the first church in Guantánamo with a fully black congregation and a black priest.

The apostolic origin, unbroken continuity and irrefutable claims of the church are proven by the description given in the church booklets which Nicholas carefully kept by the dozen.

Instruction and Education

Among the many books, notebooks, long-distance course books, pamphlets, elementary school reading books and other learning materials that by themselves spoke highly of the family's intellectual education, I was surprised to find a beautiful handwritten notebook of the history of the church. Calligraphy, orthography, grammar, internal unity. It was absolutely amazing. For my joy and yours, it represents more than one hundred years of life. It is in pristine condition and I would like to introduce you to it.

I was also intrigued by several copies of a printed publication with the name, the *Voice of Guaso*. My grandfather-in-law was part of the editorial board and one of the founders of the publication.

Job and Family Economy

Although life in Cuba was rough, especially for black migrants, the family seems to have met the challenges facing them and emerged successful. There is evidence that the head of the family maintained a steady job at the American naval base for forty years until his retirement.

REMITTANCES

Like most West Indian migrants, my family-in-law sent money back home to help their loved ones. Nothing underscores this fact better than the group of cheques held deep within in the trunk. They need no commentary and are supported by letters either asking for or giving thanks for the help.

I have gone through many more documents and photos from the trunk. Some of them are currently being displayed at the main library, others are here with us and the rest are at home. Bringing them here will, of course, damage them, but I know that my family is happy because what they treasured for years can now be useful to people seeking to know more about the experiences of black migrants in Cuba.

CONCLUSIONS

A large number of documents, photos and objects were analysed during the search of the trunk. I have read the bylaws of the Universal Negro Improvement Association, edited in 1921. I have read the history of the church which was handwritten in 1915 in my grandmother-in-law, Geraldine Agatha Henry's notebook. I have read different volumes of the *Voice of Guaso*, published by the British West Indian Welfare Centre in 1954. I have reviewed different types of passports and dozens of pictures of churches, institutions and other places. I have analysed forms, postcards, wedding invitations, birth certificates and history books. All of them have helped me to understand the greatness of the people who came before me. But at the same time, writing this testimonial has been very difficult. I didn't know how to start, but once I started, I didn't know how to stop. Although I cannot tell what comes next, this presentation is a success because it has changed my life in a profound way. What was born from curiosity may become a larger research project in the future.

A meeting inside the British West Indian Centre

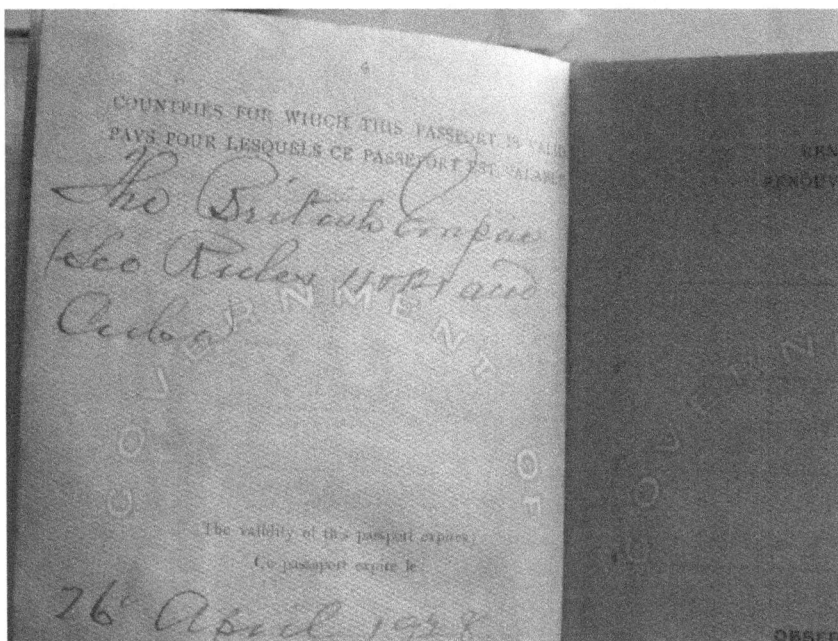

Old colonial Jamaican passport

Old colonial Jamaican passport

Old colonial Jamaican passport

Entrance to the town of Jamaica in Cuba

The altar of the first church established by West Indians

Catholic church established by Jamaicans

Image of older Jamaican style houses in Costa Rica, Cuba

Image of older Jamaican style houses in Costa Rica, Cuba

Paulette A. Ramsay celebrating with the people of Costa Rica, Cuba

Students and University of the West Indies faculty members Nadine Barnett and Ossain Martínez with West Indian descendants in Costa Rica, Cuba

Paulette A. Ramsay in a meeting at the British West Indies Centre

A meeting with women of West Indian descent in Costa Rica, Cuba

Paulette A. Ramsay speaking with ninety-two-year-old Jamaican Ivy **Lewis**

Members of the British West Indies Centre

Paulette A. Ramsay in conversation with Mr Morris, one of the oldest Jamaicans in Costa Rica

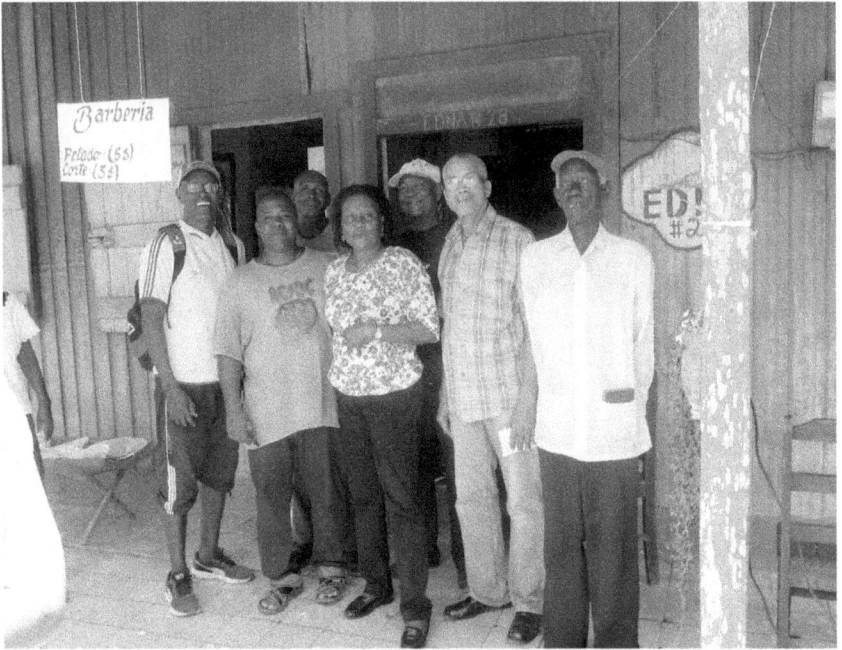

Cuban Costa Ricans who shared their history and Jamaican dishes with Paulette A. Ramsay

Cricket match between Cubans of West Indian descent and a select UWI eleven

Elizier Brooks and Nadine Barnett enjoy refreshments at the cricket match

Eliezer Brooks presenting on cricket in Cuba

Contributors

PAULETTE A. RAMSAY is Professor of Afro-Hispanic Literatures and Cultures, Department of Modern Languages and Literatures, the University of the West Indies, Mona, Jamaica. Her publications include *Afro-Mexican Constructions of Diaspora, Gender, Identity and Nation* and the co-edited *Afro-Hispanic Reader and Anthology*.

LUIS BENNETT ROBINSON is a specialist in sports at the Institute of Sports in Guantánamo, Cuba.

MARGARET RECKORD BERNAL is a poet and curator. She is the author of *Island Reliquaries: Voices from a Jamaican Past*.

ONIL BIENTZ CONTE is a specialist in cultural studies and is an active member of the British West Indian Welfare Centre, Cuba.

ALBERTO BIGGERSTAFF FRANCIS is a specialist in Sports Education at the Institute of Sports in Guantánamo, Cuba

ELIEZER BROOKS VIDEAUX teaches cricket and other sports with the Institute of Sports in Guantánamo, Cuba, and is president of the Guantánamo Cricket Board.

YANILEISI CALISTRE CUZA, VIVIAN LACHEY BOLOY and **MIRALVIS HERNÁNDEZ NOGUERA** are specialists in culture with keen interest in the West Indian cultural heritage in Cuba.

SILVIA MIRIAM MORGAN SCOTT, WILFREDO CARBONELL LIMONTA and **WILLY CARBONELL MORGAN** are West Indian descendants who are academics and avid researchers of the subject of the construction of sugar estates and factories by West Indian immigrants to Cuba.

VILMA CUZA ARCIA is Assistant Lecturer of English, Universidad de Ciencias Médicas de Guantánamo, Guantánamo, Cuba.

JORGE AUGUSTO DERRICK HENRY is Assistant Lecturer of English Language at the Faculty of Medical Sciences, Universidad de Ciencias Médicas de Guantánamo, Cuba, and president of the British West Indian Welfare Centre, Cuba.

LISANDRO RENÉ DUVERGEL SMITH is a lawyer, researcher and member of the Afro-Caribbean Studies Association in Cuba.

DARRELSTAN FERGUSON is a graduate of the University of the West Indies, Mona who is currently pursuing a PhD in Latin American and Caribbean Literature. He has a special interest in Cuban writers of African descent.

ELENA MARGARITA GARZÓN GUMBS teaches English and Portuguese for Medical PurposesUniversidad de Ciencias Médicas de Guantánamo, Cuba.

ANNA MARÍA HENDRIKS is a former teacher at Immaculate Conception High School and Priory Senior High School, Kingston, Jamaica.

RUPERT LEWIS is Professor Emeritus of Political Thought, Department of Government, the University of the West Indies, Mona, Jamaica. His many publications include *Marcus Garvey: Anti-Colonial Champion* and *Walter Rodney's Intellectual and Political Thought*.

OSSAIN CÉSAR MARTÍNEZ MORENO is an instructor of Spanish, Department of Modern Languages and Literatures, the University of the West Indies, Mona, Jamaica. He is the author of the play *Cervantes habla inglés*.

MARIURKA MATURELL RUIZ is a PhD candidate in History, Universidade Federal de Santa Catarina, Florianópolis, Brazil.

JORGE NELSON ANDREWS THOMAS is vice-president of the British West Indian Welfare Centre, Cuba.

GILBERTO RAMÍREZ SMITH is a professor in the Sports Division, Universidad de Guantánamo, Cuba, and director of the Scientific Regional Council in the School of Physical Sciences, Guantánamo, Cuba.

EDGAR RITCHIE NAVARRO teaches mathematics and is head researcher of the Moa Metallurgical Mining Institute, Holguín, Cuba.

CARIDAD MARIELA SMITH DE LOS SANTOS is a teacher and journalist of Radio Rebelde, Cuba.

ADISDANIA WALWYN PONS is secretary of the British West Indian Welfare Centre, Cuba.